Ensayo sobre los Principios de Economía Política y Tributación de David Ricardo

Escuela Neoclásica

Axel Kicillof

Ensayo sobre los Principios de Economía Política y Tributación de David Ricardo

Escuela Neoclásica

EC
Ediciones Cooperativas

Kicillof, Axel
Ensayo sobre los principios de economía política y tributación de David Ricardo. Escuela neoclásica. - 1a ed. - Buenos Aires: Ediciones Cooperativas, 2012.
88 p. ; 21x14 cm.

ISBN 978-987-652-110-9

1. Economía Política. 2. Ensayo.
CDD 330.1

1° edición, Junio 2012

Tucumán 3227 (1189)
Buenos Aires – Argentina
☎ (54 011) 35280466 / (15) 4937 6915
http://www.edicionescoop.org.ar
info@edicionescoop.org.ar

Hecho el depósito que establece la ley 11.723

Impreso y encuadernado por:
Imprenta Dorrego. Dorrego 1102, C.A.B.A..
1ª. ed. Tirada: 100 ejemplares. Se terminó de imprimir en Junio 2012.

IMPRESO EN ARGENTINA – PRINTED IN ARGENTINA

Editorial asociada a:

CÁMARA ARGENTINA DEL LIBRO

Índice

Ensayo sobre los Principios de Economía Política y Tributación de David Ricardo[1]

Mayo 2000

[1] Este trabajo incorpora los frutos de las incontables discusiones que colorearon la actuación conjunta en la tarea docente con el Lic. Guido Starosta entre los años 1998 y 2000 en los cursos del Dr. Pablo Levín y del Dr. Miguel Teubal, quienes siempre nos dieron espacio para desarrollar nuestras ideas propias.

David Ricardo: Principios de Economía Política y Tributación

1. La época de Ricardo

Para dar cuenta de los aportes científicos de Ricardo a la Economía Política, y en particular de los avances con respecto a la obra de Adam Smith, su antecesor más destacado, es necesario considerar el contexto histórico en el que se desarrolla su vida.

No es el propósito de este manual, ni de la materia, profundizar en el estudio de este período, más aun cuando se trata de una época histórica de la cual todos tenemos noticia: la revolución industrial en Inglaterra. En efecto, Ricardo es un lúcido testigo del triunfo indiscutible del capitalismo industrial. Si Adam Smith intuyó con genialidad la dirección que tomaría el curso de la historia en el marco de una Europa predominantemente agrícola, donde convivían distintos sistemas productivos, para nuestro autor la supremacía del capital es indudable, es un hecho consumado.

El ocaso del siglo XVIII se caracteriza por la vertiginosa sucesión de inventos que, aplicados al proceso productivo, desatan de una forma inédita la fuerza productiva del trabajo. Tres de estos avances son distintivos de este período: las máquinas de hilar automáticas, la fusión del hierro utilizando al carbón como combustible y la aplicación generalizada de la máquina de vapor. Algodón, carbón, hierro y vapor son la expresión más sobresaliente del cambio que afecta el modo en que el hombre transforma la naturaleza. La manufactura propia del período anterior es sustituida por la fábrica, la herramienta por el empleo de la maquinaria.

Sin embargo, la revolución industrial no puede comprenderse como producto espontáneo y exclusivo del cambio técnico. Tanto estos avances como las condiciones sociales necesarias para el predominio de la fábrica son el resultado de un proceso histórico que los precede. Entre estas precondiciones mencionamos dos determinantes: la acumulación de capital y el torrente de campesinos expulsados de sus aldeas y artesanos empobrecidos, huérfanos de tierra e instrumentos propios. No poseen más que su propia fuerza de trabajo y se ven forzados a venderla en el mercado como una mercancía más.

Al tiempo que la industria se desarrolla extraordinariamente, el capitalismo comienza a mostrar su lado oscuro, como la contracara necesaria de la acumulación creciente de riqueza. La introducción de la maquinaria en lugar de alivianar las tareas de los operarios, determinó la expulsión de muchos de ellos y la extensión de la jornada de trabajo para otros. Las condiciones de vida de las masas obreras sufren un deterioro evidente. Así es que empiezan a surgir las primeras formas de organización de la clase obrera, que encuentran su expresión teórica incipiente en los escritos de los llamados socialistas utópicos. La burguesía industrial libra su batalla en dos frentes: contra las fuerzas reaccionarias de la aristocracia terrateniente, pero también contra el descontento y las luchas de la naciente clase obrera.

El capital arrasa con las formas existentes, transformando la faz de la tierra y las relaciones entre los hombres; Inglaterra se convierte en la factoría del mundo. Como afirma I. I. Rubin, si Adam Smith es el teórico de la manufactura, Ricardo puede caracterizarse como el autor de la fábrica y la producción maquinizada.

2. Advertencia inicial y claves de lectura para el primer capítulo de los Principios.

Las transformaciones sociales que presencia Ricardo se reflejan, como anticipáramos, tanto en el contenido y problemática de su obra, como en su particular estilo y método. Podemos afirmar, no obstante, que estos cambios motivan tanto ventajas como restricciones en relación con el enfoque de Adam Smith.

En primer lugar, el hecho de que el capitalismo se haya consolidado definitivamente resta interés teórico al problema de su viabilidad: el capital la demostró por sí mismo. Tampoco hay lugar en el sistema de Ricardo para discutir los fundamentos de la conducta humana ni el carácter específico de la sociedad capitalista. Sin embargo, el grado más elevado de desarrollo del capitalismo aporta a Ricardo las bases para una mayor rigurosidad terminológica, un grado más alto de abstracción y universalidad expositiva, y un estilo analítico que habría de caracterizar a la disciplina de aquí en adelante. Por otra parte las contradicciones propias de este régimen de producción se ponen de manifiesto frente a sus narices, obligándolo a preguntarse acerca de los límites y dificultades en su proceso reproductivo.

Encontraremos entonces que los Principios de Economía Política y Tributación (de aquí en más PEP) se enfrentan directamente con el problema fundamental que quedó pendiente de solución en La Riqueza de la Naciones: la naturaleza del valor de las mercancías. Este acierto tiene como contrapartida la extrema naturalización del modo de vida propio de la era del capital, que se toma por eterno e inmutable.

Recomendamos realizar una primera lectura exploratoria del primer capítulo de los Principios, antes de acompañar con este material su estudio pormenorizado. Para ello, recordamos sintéticamente las cuestiones teóricas que quedaron "pendientes" en la RN, ya que el mismo Ricardo concibe su obra como un contrapunto con las ideas de Adam Smith. Hay cuatro aspectos de la lectura de la RN a tener en cuenta, ya mencionados en el capítulo precedente:

1. El dualismo metodológico, que se traduce en la indeferenciación entre fuente y medida del valor.
2. La distinción entre trabajo incorporado y trabajo comandado, que se deriva del punto anterior.
3. El giro subjetivista en la determinación del valor y en la operación de la ley del valor. La conciencia del poseedor, sus penas y fatigas son el material del valor y su conducta la que inmediatamente debe intervenir para que las mercancías se intercambien según sus cantidades de trabajo.
4. La indistinción entre el trabajo materializado en las mercancías, la capacidad de trabajo que se vende como mercancía y el salario que se paga al trabajador.

3. Preámbulo de los Principios de Economía Política y Tributación

En el prefacio de los PEP, Ricardo se mostrará de inmediato como el continuador y crítico de la RN. Al igual que en la Introducción de Smith, se observa que lo que está en juego es la forma en que el hombre transforma la naturaleza, apropiándosela. Al mismo tiempo, se parte del hecho de que la sociedad se encuentra dividida en tres clases sociales principales.

> *"El producto de la tierra - todo lo que obtiene de su superficie mediante la aplicación aunada del trabajo, de la maquina y del capital—se reparte entre tres clases sociales de la comunidad, a saber: el propietario de la tierra, el dueño del capital necesario para su cultivo, y los trabajadores por cuya actividad se cultiva"*

Aunque Ricardo se va a referir exclusivamente al régimen capitalista, no lo hace explícito. El presentar a estas clases sociales como la base natural y eterna de la producción es justamente expresión clara de la maniobra naturalizadora que recorre toda la obra de Ricardo, que es incapaz de diferenciar aquello que es propio y exclusivo del capitalismo de lo que caracteriza a toda forma de sociedad humana.

El prefacio muestra también un cambio en el eje de la problemática de la Economía Política. Ricardo se muestra preocupado por el manifiesto conflicto entre las clases en torno a la apropiación del producto social, que en apariencia pone en peligro la reproducción dinámica de la sociedad capitalista.

> *"La determinación de las leyes que rigen esta distribución es el problema primordial de la Economía Política : a pesar de los grandes avances de esta ciencia, gracias a las obras de Turgot, Stuart, Smith, Say, Sismondi y otros, dichos autores aportan poca información satisfactoria con respecto al curso natural de la renta, de la utilidad y de los salarios."*

Veremos que estas leyes deben ser compatibles con aquellos conceptos más elementales que sirven de fundamento al sistema ricardiano, en particular con las leyes que regulan el valor de las mercancías y que se exponen en le primer capítulo de su obra.

Más de 100 años más tarde, Ricardo será acusado por Keynes de centrar la preocupación en la forma en que se distribuye una cantidad dada de recursos, en lugar de explicar las causas del nivel de ocupación (desocupación) de esos recursos. La crítica es en parte injusta, ya que la acumulación de capital, primordial en los PEP, refiere justamente a este problema, indisolublemente ligado al de la distribución. Tendremos esta discusión más adelante.

4. Valor de uso y valor de cambio

> *"El valor [de cambio, A.K.] de un producto, o sea la cantidad de cualquier otro artículo por la cual puede cambiarse, depende de la cantidad relativa de trabajo que se necesita para su producción, y no de la mayor o menor compensación que se paga por dicho trabajo."* (PEP, p.9)

El propio título de la primera sección del capítulo I pone de manifiesto el avance que Ricardo lleva a cabo, dejando atrás las dudas y ambigüedades de Smith acerca de la determinación de la magnitud de valor. Ricardo es categórico: es el *trabajo* el que determina el valor de una mercancía. De este modo, la llamada teoría del valor se convierte definitivamente en la piedra angular de la Economía Política. En una sociedad en la que los hombres se relacionan por medio del cambio de mercancías, el descubrimiento de las leyes que gobiernan el intercambio será al mismo tiempo la clave para explicar el movimiento de la sociedad.

Revisemos con detalle la definición de valor que suministra Ricardo. El valor es presentado como una magnitud de carácter relativo. Es la cantidad de otra mercancía que puede obtener por medio del cambio. Esa magnitud refleja la relación entre las cantidades de trabajo que se emplearon en su fabricación. Resulta contradictorio que el valor de esta mercancía sea una magnitud que depende de la mercancía con la que eventualmente se la compare. En lugar de tener un valor propio tendrá muchos, que dependerán de la mercancía que elija para el cambio. Esta **contradicción** será fundamental para el desarrollo de la crítica de Marx, en la que se diferencian categorías fundamentales que Ricardo usa de forma indistinta: valor y valor de cambio.

Toda la sección puede leerse como un diálogo de Ricardo con Smith, a quien elogia pero al mismo tiempo supera. Al igual que en la RN, se advierte que la mercancía tiene un doble aspecto: es a la vez valor de uso y valor de cambio. Smith había mostrado por medio de un ejemplo que la magnitud del valor de cambio (que era lo que deseaba explicar) no guardaba relación alguna con la utilidad de la mercancía. Si bien resultaba claro que mucho valor de uso no implicaba gran valor de cambio, era necesario precisar más la relación entre estos dos atributos de la mercancía.

> *"la utilidad no es la medida del valor de cambio, aunque es absolutamente esencial para éste"(PEP, p .9)*

Para ser cambiable, una mercancía debe ser útil. La utilidad del objeto es condición necesaria para que sea mercancía. Por otra parte, el valor de uso no mide el valor de cambio, de modo que debemos renunciar a todo intento de relacionar uno y otro cuantitativamente. La utilidad no es medida ni fuente del valor de cambio.

> *"Por poseer utilidad, los bienes obtienen su valor en cambio de dos fuentes: de su escasez, y de la cantidad de trabajo requerida para obtenerlos" (PEP, p.9)*

Estas dos fuentes no operan simultáneamente para todos los bienes. El mundo de las mercancías se divide en dos. La escasez manda en aquellas en que "ningún trabajo puede aumentar su cantidad". Se trata de los bienes **no reproducibles por medio del trabajo**, por ejemplo las obras de arte. Para estas mercancías el valor de cambio depende sólo de los gustos y la riqueza de los que las desean.

> *"Sin embargo, estos bienes constituyen tan sólo una pequeña parte de todo el conjunto de bienes que diariamente se intercambian en el mercado. La mayoría de los bienes que son objetos de deseo se procuran mediante el trabajo, y pueden ser multiplicados ... casi sin ningún límite determinable si estamos dispuestos a dedicar el trabajo necesario para obtenerlos" (PEP, p. 10)*

El valor de cambio de este pequeño grupo de mercancías no multiplicables por la actividad humana está regido principalmente por las condiciones de la demanda y por la cantidad en la que se ofrecen. Para quien tomó algún curso introductorio de Economía, Microeconomía o estableció contacto con los libros de texto provenientes de la corriente económica preponderante (la neoclásica) esta forma de determinación del precio de los bienes resulta familiar. En efecto, para la corriente neoclásica, el precio[2] de toda mercancía es resultado de la interacción entre oferta y demanda. Ricardo, en cambio, afirma que esto ocurre para un conjunto reducido, casi insignificante de mercancías. Esta diferencia tan notoria se debe a que para la microeconomía convencional todas las mercancías son no

---

[2] Los marginalistas no captan el carácter dual de la mercancía, unidad diferenciada de valor de uso y valor de cambio, por lo que para ellos las mercancías son meramente cosas útiles y escasas, a las que llaman bienes. Estos bienes adquieren un precio como resultado del intercambio en el mercado.

reproducibles, ya que enfoca el problema de la determinación de los valores de cambio como si se tratara de un proceso instantáneo. Y, ciertamente, si detuviéramos el tiempo por un momento, en ese instante preciso la cantidad disponible de cada especie particular de mercancías está dada, es fija y no podría ampliarse de modo alguno. En este marco, el intercambio será efectivamente la instancia única para la determinación de los valores de cambio, y el precio de cada mercancía dependerá de la cantidad disponible (oferta), de la riqueza y de la medida en que los gustos de quienes participan en las transacciones se inclinen hacia ella (demanda)[3].

Este ejercicio es extremadamente limitado cuando de lo que se trata es de comprender, tal como aspiraban los economistas clásicos, las leyes que gobiernan al sistema capitalista. Paradójicamente, los clásicos se formulan preguntas mucho más ambiciosas que sus continuadores neoclásicos contemporáneos. En lugar de encontrar la explicación en la oferta y la demanda, buscan revelar los movimientos tendenciales de los valores de cambio, cuya manifestación en cada momento es justamente este juego de fuerzas contrapuestas en el mercado. Si de lo que se trata es de comprender cómo la humanidad asigna su capacidad laboral para satisfacer las distintas necesidades concretas, la respuesta no puede estar en los movimientos coyunturales, instantáneos y en apariencia arbitrarios de la oferta y la demanda, sino en las trayectorias tendenciales y en el proceso de ajuste de los precios.

---

[3] Ricardo no ignora el efecto de la oferta y la demanda en el corto plazo, que provoca "desviaciones accidentales y temporarias" (PEP, p. 67). Las deja de lado "para tratar únicamente las leyes que regulan los precios naturales" (PEP, p. 69)

"Por lo tanto, al hablar de los bienes, de su valor en cambio y de las leyes que rigen sus precios relativos, siempre hacemos alusión a aquellos bienes que pueden producirse en mayor cantidad, mediante el ejercicio de la actividad humana, y en cuya producción opera la competencia sin restricción alguna" (PEP, p. 10).

5. La crítica a Smith

Aturdido y derrotado por sus propias vacilaciones, Smith se vio forzado a enviar su teoría del valor trabajo a un poco convincente estado primitivo y rudo de la sociedad. Ricardo la rescata, afirmando su actualidad y validez general[4].

"Esta es, en realidad, la base del valor en cambio de todas las cosas, salvo de aquellas que no puede multiplicar la actividad humana" (PEP, p. 10)

Luego, vienen los reproches a Adam Smith, quien a pesar de haber descubierto la verdadera fuente del valor de cambio, fue incapaz de comprender el alcance de este descubrimiento y fue víctima de sus múltiples tropiezos y contradicciones. Son esas contradicciones las que Ricardo habrá de señalar y resolver.

---

[4] Toda la crítica de Ricardo a Smith se va a cimentar en las contradicciones presentes en el capítulo 5 de RN. Antes de abocarse a ellas, se ocupa de mostrar que el capítulo 6 no es más que un artilugio, ya que la teoría del valor es patrimonio exclusivo de la sociedad moderna. Para Ricardo el capítulo sexto, con su teoría de los costos de producción no tiene entidad teórica, sino que es el resultado de la limitación de Smith. Es notable como la teoría neoclásica y sus antecesores, que también aceptan a la RN como la obra fundacional de la economía política, de modo inverso, ignoran por completo el capítulo 5, echando por la borda el avance más significativo de los clásicos.

5.1 Fuente y medida

A pesar de su renuncia a la teoría del valor trabajo, toda la RN parece apoyarse en la convicción de que es la cantidad de trabajo la que determina el valor de cambio de las mercancías. Incluso en capítulos posteriores al sexto, esta intuición regresa una y otra vez. Es como si Smith supiera que allí está la clave pero no diera con la forma adecuada para explicar su operación concreta, y aun así no se resigna a abandonarla. Ricardo se sorprende ante las inconsistencias en las que cae Smith, presa de esta indecisión. El centro de la crítica puede resumirse por medio de los siguientes pasajes.

> *"Adam Smith, quien definió de manera tan precisa la fuente original del valor en cambio –y que con tanta constancia iba a sostener que todas las cosas se vuelven más o menos valiosas en proporción a que se empleara más o menos trabajo en su producción-, instituyó también otro patrón de medida del valor"(PEP, p.11)*

> *"Adam Smith, después de demostrar brillantemente la insuficiencia de un medio variable como el oro y la plata, para determinar el valor variable de otras, escogió por sí mismo un medio que es igualmente variable al adoptar los cereales o el trabajo" (PEP, p. 11)*

Cuando analizamos la RN encontramos que Smith, luego de presentar al trabajo como la fuente del valor, emprende la búsqueda infructuosa, y desastrosa para su teoría, de una medida invariable del valor. Este camino responde a la necesidad de fundamentar la validez de teoría del valor en la conducta conciente de los individuos que participan del intercambio. Por un lado, Smith muestra en múltiples pasajes no desconocer que las leyes económicas operan a espaldas de los hombres, pero por otro se esfuerza por mostrar que son resultado directo de su comportamiento voluntario. Esta operación es impracticable y lo enfrenta a obstáculos insalvables. Ricardo se coloca en el extremo opuesto. Se emancipa de esta necesidad y, debido al mayor desarrollo del régimen capitalista, no duda en enunciar esas leyes objetivas como leyes naturales del sistema, que operan más allá de la voluntad de los hombres y sin su intervención. Es evidente que tanto una posición como la otra pueden ser cuestionadas por su carácter unilateral. Tanto Smith como Ricardo fracasan en su intento de dar con la conexión entre el carácter no conciente de la regulación de la actividad humana y la forma en que el comportamiento de los hombres, su conciencia y voluntad, no hacen más que realizar estas leyes sociales. Podríamos argumentar que Ricardo se aproxima más a la respuesta, ya que su falta de atención por las intenciones del poseedor de mercancías sólo indica que su conducta es un mero resultado del proceso, y no su fundamento.

La clave para resolver este enigma se encuentra en el aporte de Marx. El carácter fetichista de la mercancía revela a sus poseedores como meras personificaciones de las categorías económicas y al capital como el sujeto del proceso de la producción social.

Volvamos al texto. Ricardo niega la existencia de una medida invariable del valor. Sólo se pueden percibir las modificaciones en la cantidad de trabajo necesaria para la producción de una mercancía mediante la comparación de su valor de cambio con los de todas las demás mercancías. Si Smith buscaba una medida práctica que permitiera a los hombres conocer el valor de una mercancía, la respuesta es que tal medida no existe, y a pesar de ello, la ley del valor tiene plena vigencia[5].

---

[5] Junto con este, Ricardo abandona los demás extravíos subjetivistas de Smith. La economía "de aldea" es reemplazada por una sociedad en la que la máquina se ha extendido tanto como la división del trabajo. El esfuerzo indi-

5.2. *Trabajo incorporado y comandado*

Smith ofrecía dos determinaciones distintas para el valor: ya por el trabajo incorporado, ya por el trabajo que la mercancía comandaba en el intercambio. La segunda es una vía falsa. Ricardo (al igual que Smith en el capítulo sexto) encuentra que la divergencia se asocia al hecho de que el trabajador no es remunerado según el producto de su trabajo. Por el contrario, el salario, al que la escuela clásica denomina también "valor del trabajo"[6], no guarda relación inmediata con el valor que el trabajador incorpora, que es propiedad del capitalista.

> *"si la recompensa del trabajador estuviera siempre en proporción a lo producido por él, la cantidad de trabajo empleado en un bien, y la cantidad de trabajo que este mismo bien adquiriría serían iguales, y cualquiera de ellas podría medir con precisión las variaciones de otras cosas: pero no son iguales" (PEP, p. 11)*

---

vidual no tiene ningún peso en la determinación del valor, que ahora reposa en el trabajo (socialmente) necesario, sin encerrar ambigüedad alguna.

[6] Marx, como vimos más arriba, corregirá esta expresión que oculta la verdadera naturaleza de la relación entre los trabajadores y el capital. El obrero no vende su trabajo, sino que vende (alquila) su capacidad de trabajo bajo la forma de mercancía. A esa mercancía se la llama fuerza de trabajo. "«Allí donde comienza realmente su trabajo —dice Marx—, éste ha dejado ya de pertenecerle a él y no puede, por tanto, venderlo». Podrá, a lo sumo, vender su trabajo futuro; es decir, comprometerse a ejecutar un determinado trabajo en un tiempo dado. Pero con ello no vende el trabajo (pues éste todavía está por hacer), sino que pone a disposición del capitalista, a cambio de una determinada remuneración, su fuerza de trabajo, sea por un cierto tiempo (si trabaja a jornal) o para efectuar una tarea determinada (si trabaja a destajo): alquila o vende su fuerza de trabajo." (Engels, Prólogo a Trabajo Asalariado y Capital).

La crítica de Ricardo trae implícita una particular interpretación de la formulación de Smith, lo que contribuye a que no quede clara para el lector ni la una ni la otra. Aquí se pone de manifiesto que cada vez que Smith se refiere al trabajo comandado por una mercancía, Ricardo presume que se está refiriendo al trabajo vivo que con ella se puede adquirir.

El salario, al igual que el precio de cualquier otra mercancía, está sometido a permanentes variaciones, de modo que el trabajo comandado pasa a ser una relación completamente intrascendente entre el valor de una mercancía y el "valor del trabajo" (o salario). Es indudable que esta relación no revela ni mide nada en particular, y menos aun se podría esperar que fuera en modo alguno constante, invariable.

Si, en cambio, al trabajador se lo remunerara con el producto total de su trabajo, el trabajo comandado por una mercancía, su capacidad de comprar fuerza de trabajo coincidiría con su propio valor.

Un ejemplo puede contribuir a aclarar esta discusión. Supongamos que el obrero trabaja durante 8 horas, fabricando una mercancía A cuya magnitud de valor es, por supuesto, de 8 horas. Si el obrero recibiera como remuneración el producto completo de su trabajo, el trabajo comandado, que para Ricardo es la capacidad de contratar trabajo que tiene una mercancía, coincidiría con el trabajo incorporado para toda mercancía. En efecto, la mercancía A tiene 8 horas de trabajo incorporado y puede comprar ni más ni menos que 8 horas, porque el trabajador recibe como salario el producto íntegro de su trabajo.

El ejemplo y el supuesto son claramente incompatibles con el régimen capitalista de producción. El capitalista se apropia de una parte del producto del trabajo del obrero. Ricardo acepta implícitamente que la producción capitalista es producción de plusvalía, es decir, de trabajo no remunerado. Resuelve así la confusión de Smith entre cantidad de trabajo y valor del trabajo; pero allí se detiene, sin atinar a resolver el problema de ambos: las leyes de la plusvalía y sus formas fenoménicas. (Marx, Teorías sobre la Plusvalía II, p. 365)

5.3. *Trabajo asalariado, capital y magnitud de valor*

Smith necesita deshacerse de una teoría cuya operación no acierta a explicar: la teoría del valor trabajo. Para hacerlo recurre a una caricaturización de la sociedad previa al capitalismo. En el estado primitivo y rudo de la sociedad la ley del valor tenía plena validez, sin embargo, esto no sucede en la sociedad civilizada (capitalista). Lo que distingue a una de la otra es la "acumulación del capital y la apropiación de la tierra". La crítica de Ricardo muestra nuevamente su vigor; en lugar de cuestionar a Smith por su distinción poco verosímil entre la sociedad actual y la primitiva, muestra que la teoría del valor, tal como la formuló su antecesor es tan defectuosa, que ni siquiera regiría en este ilusorio estado rudo y primitivo.

> *"Aun en aquélla etapa inicial a que se refiere Adam Smith, cierto capital, posiblemente logrado o acumulado por el propio cazador, sería necesario para permitirle matar a su presa" (PEP, p.17)*

Se sigue de suyo que la falencia de Smith se encontraba en su incapacidad para comprender cómo intervienen los instrumentos de trabajo y las materias primas (los medios de producción) en la determinación del valor, acertijo del que no era lícito librarse ni siquiera apelando al mítico estado rudo y primitivo[7].

---

[7] Más adelante objetaremos esta definición de que identifica al capital con los medios de producción.

El aporte de Ricardo consiste justamente en mostrar que la participación de estos implementos no pone en cuestión el principio por él formulado.

> *"el mismo principio sigue siendo válido: el valor de cambio de los bienes producidos sería proporcional al trabajo empleado en su producción: no sólo en su producción inmediata, sino en todos aquellos implementos o máquinas requeridos para llevar a cabo el trabajo particular al que fueron aplicados"* (PEP, p. 19)

El valor de los medio de producción es transferido al producto, en proporción a su desgaste. Y esta ley no es afectada por el hecho de que el capital pertenezca "a una clase de hombres" y el trabajo empleado "sea suministrado por otra clase de hombres". Ricardo resolvió el dilema de Smith, poniendo a funcionar el mecanismo inclusive en presencia de capital y trabajo asalariado. Para "una era de la sociedad en la que se realizaron grandes progresos", en la que la división del trabajo gana en sofisticación, el valor de la mercancía depende de "la cantidad *total* de trabajo necesario para manufacturarlas y llevarlas al mercado" (subrayado nuestro)[8].

Así arribamos a un punto que para Ricardo reviste vital importancia: el problema de la distribución. Si el valor de cambio de las mercancías sólo depende de la cantidad de trabajo necesario para su producción, ni el nivel de salarios, ni el de utilidades tendrán influencia en su determinación.

---

[8] Los sucesores modernos de Ricardo, a los que se agrupa bajo la denominación de "neo-ricardianos", entre los que se destaca especialmente Piero Sraffa, construirán modelos en los que los valores de todas las mercancías se determinan por los requisitos directos e indirectos de trabajo de cada una de ellas, configurando un sistema de ecuaciones.

> *"La proporción que debería pagarse en concepto de salarios es de importancia máxima en lo que atañe a las utilidades, pues bien se comprende que las utilidades serán altas o bajas, exactamente en proporción a que los salarios sean bajos o altos; en cambio, no puede afectar en lo más mínimo el valor relativo de la caza y de la pesca, ya que los salarios resultarían simultáneamente elevados o reducidos en ambas ocupaciones ..."* (PEP, p. 20-21)

Y más categóricamente:

> *"Ninguna alteración en los salarios de la mano de obra podría ocasionar una alteración del valor relativo de dichos bienes..."* (PEP, p. 21)

Las consecuencias de estas afirmaciones no son menores: implica aceptar que la sociedad capitalista está atravesada por un conflicto perenne e insoluble entre capitalistas y trabajadores. Los intereses de unos y otros los enfrentan fatalmente: todo incremento en los salarios implica necesariamente una caída en las utilidades. Estas conclusiones son el resultado necesario de la teoría ricardiana del valor. Cuando Smith se topó con el problema de la retribución del trabajo y las ganancias del capital hubo de abandonar la teoría del valor para abrazar la de los costos de producción, que no hace más que anular ese conflicto, ya que según este enfoque un incremento en los salarios provoca un incremento en el precio de las mercancías en lugar de una caída en la ganancia. Reina entonces la armonía entre patronos y obreros[9], que Ricardo destruye con su obra.

---

[9] Ya mostramos como el punto de vista de Smith es más sofisticado, ya que en su obra muestra cómo los obreros deben enfrentar a los capitalistas para obtener salarios mayores. Con la asistencia del poder coercitivo del Estado, estos últimos triunfan generalmente e imponen sus intereses. Esta descrip-

6. Problemas no resueltos por Ricardo

Hasta la sección III del primer capítulo de los PEP, Ricardo triunfa en la empresa que se había propuesto: enmendar la teoría del valor trabajo que Smith había formulado y luego abandonado injustificadamente. En el centro de la preocupación de Ricardo se encuentra la forma en que el producto se distribuye entre las diversas clases sociales. La teoría del valor lo llevó a concluir que: a) la única fuente del valor es el trabajo, b) el cambio en el nivel de salarios no afecta el valor de cambio de las mercancías y, luego, c) el incremento en los salarios implica una caída en las ganancias del capitalista.

Sin embargo, Ricardo tropieza en la cuarta sección con un problema de difícil resolución teórica. Su teoría del valor debe corroborarse en la marcha real del proceso económico. De modo inmediato, observando la operación normal de la producción capitalista, se observan dos hechos: 1) en todas las ramas productivas tanto los salarios (para la misma calificación) como la tasa de ganancia tienden a igualarse y 2) cada rama difiere de la otra en cuanto a la proporción entre el capital empleado para el pago de salarios (capital circulante) y el destinado a implementos, máquinas, edificios (capital fijo).

Estos dos hechos son en apariencia contradictorios con la teoría del valor trabajo. Pondremos esto de manifiesto por medio de un ejemplo. Supongamos que se producen dos mercancías A y B. Ambas contienen la misma cantidad de trabajo, por lo que poseen igual valor de cambio. La mercancía A requiere para su producción un capital de $100, íntegramente destinado al pago de salarios, es decir, capital circulante. La

---

ción del proceso real de fijación de salarios no encuentra en Smith fundamentación teórica.

mercancía B requiere idéntica inversión, sólo que $50 se emplean en capital fijo y $50 en capital circulante. Ambos capitalistas obtienen una tasa de ganancia igual a 10% por su inversión.

Supongamos que se registra ahora un incremento en el nivel de salarios. Según la teoría del valor trabajo, el valor relativo de las mercancías A y B debería permanecer inalterado. Sin embargo, esto se da de patadas con el hecho 2) que observa Ricardo. Si el salario aumenta, el capitalista A, que emplea una proporción mayor de capital circulante que B, deberá resignar un porción mayor de su ganancia para hacer frente al aumento en los salarios que afecta a ambos por igual. Así, las tasas de ganancia de A y B diferirían, lo que es a las claras falso en la sociedad capitalista: la igualación de las tasa de ganancia actúa también como una férrea ley económica. Similar perturbación provoca la circunstancia de que los distintos capitales tienen distinta durabilidad.

Veamos ahora cómo se debate Ricardo en su intento por compatibilizar su teoría del valor con la igualación de las tasas de ganancia. Antes que nada debe definir al capital circulante y al fijo, distinción que no le resulta en modo alguno simple. El capital circulante es, por un lado, el que "sostiene al trabajo", pero también es devuelto al usuario más rápidamente. El capital fijo es el que se invierte "en herramientas, maquinaria y edificios", pero también el que demora más en retornar. Así el trigo, por ejemplo, es para un agricultor capital fijo cuando lo utiliza como semilla y para un panadero capital circulante, debido a que uno sólo puede reutilizarse luego de un año y el otro retorna semana a semana.

Esta dificultad para definir al capital, en cierto modo, no es nueva. Ya habíamos encontrado a Ricardo tomando a toda herramienta por capital. En el estado rudo y primitivo las armas de los cazadores son tan capital como la planta industrial más sofisticada y como una suma de dinero puesta en el banco a interés. No corresponde discutir aquí la naturaleza del capital, sin embargo podemos realizar algunas simples observaciones y objeciones a la forma en que se introduce intempestivamente en los PEP.

En primer lugar, si todo instrumento de trabajo fuera capital, la producción capitalista hubiera nacido junto con la especie humana, e incluso ciertos mamíferos superiores, como los monos que se ayudan de piedras y palos para obtener alimentos, dispondrían de capital. Se llega al sin sentido de transformar al capital en una categoría eterna y natural, ya que el hombre por su naturaleza utiliza herramientas para apropiarse del medio en que vive, lo que a todas luces no alcanza para convertir a toda forma de sociedad humana en capitalista.

En segundo lugar, el capital se diferencia en capital fijo y circulante. Según la definición imprecisa de Ricardo, este último coincide con los salarios pagados por el capitalista, con lo cual los salarios no son más que una parte del capital. ¿El capital no estaba hasta aquí constituido sólo por los elementos de trabajo?

Por último, encontramos que el capital engendra mecánicamente una tasa de ganancia. El propio Ricardo había afirmado que la única fuente de valor es el trabajo, de modo que esa ganancia no puede ser más que valor, y, por lo tanto, trabajo no remunerado. Sin embargo cada capitalista se apropia de una masa de ganancia proporcional al capital que invirtió, no al valor que crearon los obreros por él contratados. No se contesta una pregunta obvia: ¿Cuál es el origen de la ganancia?

En el ejemplo que da Ricardo, el valor de cambio de la mercancía es resultado de la suma de la inversión en capital circulante, más la ganancia que proviene del capital circulante y la que proviene del capital fijo. Esta forma de determinar el valor se asemeja, aunque le pese al autor de los PEP, más a la teoría de los costos de producción que a la del valor trabajo. Todas estas contradicciones, dificultades y dilemas no resueltos, serán desentrañados por Marx en su *Das Kapital*.

Ricardo debe aceptar su derrota, y lo hace en el título mismo de la sección IV.:

> *"El principio de que la cantidad de trabajo empleada en la producción de bienes determina su valor relativo, considerablemente modificado por el empleo de maquinaria u otro capital fijo y duradero"* (PEP, p. 23)

Contra lo que poco antes se había afirmado, encontramos ahora que el cambio en los salarios afecta de manera distinta al valor de cada mercancía, impacta sobre los valores relativos.

> *"El grado de alteración del valor relativo de los bienes, ocasionado por un aumento o una reducción del trabajo, dependerá de la proporción del capital global empleada como capital fijo. Todos los bienes que se producen con maquinaria muy valiosa, o en edificios también muy costosos, o que requieren un lapso más largo antes de llevarlos al mercado reducirán su valor relativo, mientras que todos aquellos que fueron obtenidos principalmente mediante el trabajo, o que fueron rápidamente colocados en el mercado, verán aumentado su valor relativo" (PEP, p. 27)*

Esta contradicción que Ricardo no puede manejar, a diferencia de lo que ocurre en la RN, no lo lleva al abandono de la teoría del valor, que sostiene obstinadamente.

> *"Sin embargo, el lector observará que esta causa de variación de los bienes produce efectos relativamente leves... Los mayores efectos que podrían producirse sobre los precios relativos de dichos bienes a conse-*

> *cuencia de salarios, no podrían exceder del 6 al 7%, porque las utilidades no podrían, en ninguna otra circunstancia, descender en forma general y permanente por debajo de dicha proporción"* (PEP, p.27)

Así "la causa principal en la variación del valor de los bienes" sigue siendo el cambio en la cantidad de trabajo necesario para producirlos. Sería "erróneo" darle demasiada importancia al cambio en salarios, que por otra parte sólo ocurre ocasionalmente. Nuevamente Ricardo se ampara en la observación directa de la economía de su época: la revolución industrial es una clara muestra de que los inventos que reemplazan trabajo por maquinaria son el fundamento de los inmensos cambios en los precios de las mercancías. Sin embargo esta "excepción" que encuentra en su teoría del valor deja abierta una fisura por la que más adelante penetrará el pensamiento económico vulgar.

7. Renta de la tierra, distribución y acumulación

Más allá de las dificultades expuestas, que son, por así decirlo, "barridas debajo de la alfombra", Ricardo logra mantener en pie la teoría del valor trabajo, en virtud de la cual el valor de cambio de una mercancía no es afectado por las variaciones en el nivel de salarios ni en el de ganancias. Resta entonces analizar cuál es el origen de la renta y cuál su efecto sobre el valor. La importancia del capítulo sobre la renta es mayúscula. Constituye uno de los más polémicos aportes de Ricardo a la Economía Política; a tal punto es así que más adelante servirá de base para la teoría de la renta en Marx, como para la ley de los rendimientos marginales decrecientes abusivamente generalizada por la escuela marginalista a todo proceso productivo.

El prefacio de los PEP preanunciaba la originalidad que alberga el capítulo segundo.

> *"Adam Smith, y los demás autores famosos antes señalados, por no haber considerado correctamente los principios de la renta, han dejado [in]advertidas, en mi opinión, muchas importantes [leyes económicas, AK] que sólo pueden descubrirse después de haber entendido por completo la materia de la renta" (PEP, p.5)*

Para asegurar la consistencia de la obra, Ricardo tendrá que introducir las leyes que gobiernan la marcha de la renta, cuidándose de mantener intacta la teoría del valor formulada en el primer capítulo. Recordemos que Smith claudicó ante este dilema superado por este dilema, siguiendo el camino de la adición: la renta se sumaba al salario y a la ganancia para conformar el valor de cambio. Si Ricardo tomara esta vía, estaría nuevamente violando la determinación del valor por el trabajo.

Antes que nada, según el prolijo método de Ricardo, es menester definir a la renta.

> *"La renta es aquella parte del producto que se paga al terrateniente por el uso de las energías originarias e indestructibles del suelo"*(PEP, p.51)

Conforme a este aserto, la renta debe su existencia a la presencia de ciertas energías naturales, propias de la tierra. Guiándonos estrictamente por la definición, y sólo por ella, podemos esperar que la magnitud de la renta que arroja cada porción del suelo sea proporcional a su potencia productiva natural. A mayor productividad correspondería una renta más elevada, de la que se adueñaría el dueño de esa porción del planeta (el terrateniente).

Antes de penetrar en la cuestión de la determinación cuantitativa de la renta, Ricardo realiza algunas aclaraciones que atañen a su naturaleza, a su aspecto cualitativo. La renta que el propietario cobra por el usufructo de esta capacidad no debe confundirse con el mayor poder productivo que le infunden al suelo las mejoras e inversiones que en él se realizan (edificios, abono, cercas, muros). Estas mejoras no son más que inversiones de capital, y como tales sólo pueden generar ganancia, no renta. A menudo, observa Ricardo, se denomina renta al monto íntegro que el agricultor (arrendatario, capitalista) entrega al terrateniente por cultivar las tierras de su propiedad, confundiendo dos magnitudes de distinta naturaleza, que provienen de fuentes separadas. Nuevamente Smith es reprochado por sus imprecisiones, ya que en la RN se pasea livianamente del uso correcto al erróneo de esta categoría.

> *"Ésa es una diferencia de suma importancia para cualquier investigación referente a la renta y a las utilidades, pues bien se advierte que las leyes reguladoras del progresos de la renta son muy distintas de las que regulan el progreso de la utilidad y que raras veces operan en la misma dirección."* (PEP, p. 52)

Sin embargo, la naturaleza participa universalmente, de un modo u otro, en los procesos productivos; aun así el productor no debe pagar por la utilización de algunas de estas fuerzas naturales, tan aprovechables como las de la tierra. El aire, el agua, así como la fuerza de gravedad, la oxidación o la presión prestan sus servicios al hombre gratuitamente. No ocurre lo mismo con las energías del suelo, por las que se debe pagar renta. ¿Qué diferencia entonces a ésta de aquellas?

> *"... únicamente porque la tierra no es ilimitada en cantidad ni uniforme en calidad, y porque con el incremento de la población, la tierra de calidad inferior o menos ventajosamente situada tiene que ponerse en cultivo, se paga renta por su uso." (PEP, p. 53)*

Aunque la respuesta parece suficiente, por detrás de ella se deja ver otra de las tantas maniobras naturalizantes de las que está plagada la obra. La renta se presenta como un resultado perenne de la escasez de la tierra de mejor calidad, en combinación con la creciente demanda de alimentos. Cierto es que en épocas distintas y distantes el agricultor entregaba una porción del producto de la tierra a modo de renta. Ricardo no distingue las diversas formas históricas de la renta de su forma específicamente capitalista. En particular, pasa por alto que sólo cuando la tierra es *propiedad privada* de una clase de individuos la renta se rige por las leyes que él pretende enunciar. Esta forma de propiedad es tomada por obvia, incuestionable y por tanto eterna[10].

Retomemos el problema del valor. ¿Cómo es posible que mercancías idénticas arrojen rentas distintas, según la calidad de las tierras en las que fueron cultivadas? Una posibilidad es que el precio de cada mercancía individual difiera para pagar la renta correspondiente. Es claro que esta alternativa debe descartarse, ya que la práctica muestra que mercancías iguales tienen igual valor (llamaremos a esta regularidad ley del precio único). Ricardo ni siquiera la considera ya que toma a esta ley por evidente (como hiciera con la igualación de la tasa de ganancia). Si el precio de las mercancías de calidad uniforme

---

[10] Para no cometer una injusticia con el autor, tenemos que señalar que en algún pasaje posterior pone como condición para la existencia de la renta la propiedad privada del suelo, que atribuye no a un cambio histórico relevante sino a la mera expansión de la demanda.

es único y el terrateniente se apropia de porciones distintas de ese valor según la calidad de la tierra, o bien la ganancia o bien los salarios tendrían que variar también. La renta se nos aparece como un nuevo peligro para la determinación del valor por el trabajo necesario.

Ricardo no presenta el problema de este modo. Lo encara, en cambio, utilizando idéntico recurso que en el capítulo primero, por lo que la solución acarrea los problemas señalados más arriba. Si la renta fuera nula, inversiones de capital de igual magnitud realizadas en tierras de distinta fertilidad[11] arrojarían ganancias dispares para un capitalista y otro. No se cumpliría la ley de la igualación de las tasas de ganancia[12]. ¿Cómo resolver este galimatías?

Dejémonos llevar por la pista que mana de la afirmación antes citada: "con el incremento de la población, la tierra de calidad inferior o menos ventajosamente situada tiene que ponerse en cultivo, se paga renta por su uso." (PEP, p. 53) Ricardo agrega:

> *"Con el progreso de la sociedad, cuando se inicia el cultivo de la tierra de segundo grado de fertilidad, principia inmediatamente la renta de la tierra de la primera calidad, y la magnitud de dicha renta dependerá de la diferencia de calidad de estas dos porciones de tierra" (PEP, p. 53)*

---

[11] En esta exposición utilizaremos a la fertilidad de la tierra para resumir otros atributos que hacen a su "calidad", como la localización. Ricardo no pasa por alto esta distinción.

[12] Ricardo es conciente de que en la dificultad que se le presenta se pone nuevamente en juego la aparente contradicción entre la ley del valor trabajo y la de la igualación de las tasas de ganancia: "o debe haber dos tasas de utilidades del capital agrícola, o bien ... el valor deberá reducirse..."

Un sencillo ejemplo contribuye a simplificar la teoría ricardiana. Consideremos algunos supuestos. La parcela de tierra que primero se cultiva es la de mejor calidad; esta tierra no paga renta[13]. Si la demanda de alimentos crece se torna necesario poner en cultivo una parcela (la Nº 2), de menor calidad. El empleo de "iguales cantidades de capital y trabajo" en la tierra de calidad inferior arroja una cantidad menor de producto. El capitalista que arrienda la Nº 1 obtendría una ganancia mayor (imposible ya que las tasas de ganancia deben ser iguales para todos los capitalistas), si no fuera porque

> *"su terrateniente tendrá derecho a exigirle [el producto diferencial, AK] por concepto de renta adicional, ya que no puede haber dos tasas de utilidades" (PEP, p. 54)*

La renta, en lugar de traer complicaciones, colabora con la equiparación de las ganancias. El terrateniente se encarga de asegurar que las tasas de ganancia de los capitalistas que aplican su capital a tierras de diversa calidad se igualen, convirtiendo a las ganancias "extraordinarias" provenientes de las tierras más fértiles en renta. Podemos advertir que hasta este punto del razonamiento, la renta se presenta como una simple sustracción de una porción de la ganancia. La renta es parte de la ganancia.

---

[13] Se niega así la existencia de renta en la parcela de menor fertilidad. Marx discutirá esta formulación que está reñida con la práctica real, en la que toda clase de tierra paga renta.

Consideremos ahora el problema en el marco del valor, es decir, en términos de cantidad de trabajo. Para que aumente la ganancia debe aumentar necesariamente el trabajo requerido para producir la mercancía[14].

> *"Cuando se abre al cultivo una tierra de calidad inferior, el valor de cambio del producto primario aumentará, ya que se requiere más trabajo para producirlo"* (PEP, p.55)

En tierras menos fértiles se requerirá mayor cantidad de trabajo para obtener una unidad de producto. El valor del producto, dice Ricardo, aumenta. Nos enfrentamos ahora a una nueva dificultad, que habíamos pasado por alto en el capítulo anterior. En toda rama de producción coexisten distintos productores que, acorde a sus circunstancias individuales, requieren más o menos trabajo para la producción de la misma mercancía. ¿Cómo se fija el valor de cambio único que rige en el mercado?

Limitémonos primero exclusivamente a la producción agropecuaria. Si la cantidad de trabajo menor, correspondiente a las mejores condiciones fuera la que regula el valor, o si se tratara de un promedio, o incluso de la mediana, no habría forma de justificar la existencia de renta. La única opción compatible con el hecho de que las tierras de mejor calidad arrojen una renta que asegure la igualdad de las tasas de ganancia es que el valor se establezca según el valor individual

---

[14] En Ricardo el valor es poco más que una medida de la "dificultad" o "esfuerzo" que caracteriza a la producción de cada mercancía particular. Esta concepción del valor, de raíz ricardiana se contagiará más adelante a muchos autores de la tradición marxista. De Vroey llama a este enfoque de la categoría valor "paradigma tecnológico", al que contrapone al paradigma social y al suyo propio. "Es evidente que en el enfoque tecnológico el carácter social de las categorías está ausente..." (De Angelis, 1995).

del producto obtenido en las peores condiciones. El problema de la renta está resuelto, sin sacrificar la igualación de las tasas de ganancia ni la teoría del valor trabajo. El valor social de las mercancías agrarias coincide con el valor individual de aquéllas producidas en condiciones inferiores.

Si esto es necesariamente así para la producción primaria, por qué no habría de serlo para las restantes ramas. Para sostener su teoría de la renta, Ricardo se ve obligado a generalizar la determinación del valor social por el valor individual menor a toda actividad productiva.

> *"El valor de cambio de todos los bienes, ya sean manufacturados, extraídos de las minas u obtenidos de la tierra, está siempre regulado no por la menor cantidad de mano de obra que bastaría para producirlos, en circunstancias ampliamente favorables y de las cuales disfrutan exclusivamente quienes poseen facilidades peculiares de producción, sino por la mayor cantidad de trabajo necesariamente gastada en su producción, por quienes no disponen de dichas facilidades, por el capital que sigue produciendo esos bienes en las circunstancias más desfavorables; al referirme a estas últimas circunstancias aludo a las más desfavorables que la cantidad de producto en cuestión hace necesarias para llevar a cabo la producción." (PEP, p. 55)*

Queda en claro que la determinación del valor de la mercancía es un proceso social, ya que esta ley lleva a que el valor de toda mercancía de igual tipo tenga un único valor fijado por aquella producción que requiere mayor cantidad de trabajo. En el caso de los productos de la tierra, este resultado se desprende de la intervención del terrateniente, que "tendrá derecho a exigirle" parte de la ganancia al capitalista. Permanece inexplicado el mecanismo que lleva a que en las demás ramas ocurra lo mismo.

El problema de la renta de la tierra queda resuelto, sin desacuerdo con la teoría del valor y sin necesidad de recurrir, como Smith, a una teoría aditiva.

"La razón, pues, por la cual la producción primaria aumenta de valor comparativo, es que se emplea más trabajo en la producción de la última porción obtenida, y no la circunstancia de que se pague una renta al terrateniente. El valor del maíz está regulado por la cantidad de trabajo gastada en su producción en aquella calidad de tierra o con aquella porción de capital que no paga renta. Dicho cereal no se encarece porque hay que pagar una renta; sino que debe pagarse una renta porque el cereal es caro; y como se acaba de observar, no acarrea una reducción alguna en el precio del cereal aunque los terratenientes condonasen la totalidad de sus rentas" (PEP, p.56)

En los PEP aparecen permanentemente entrecruzados tres "momentos" relacionados con la determinación del precio de mercado: la determinación del valor según el tiempo de trabajo, la fijación de un precio único para mercancías iguales en cada rama productiva y la de una tasa de ganancia única entre las diferentes ramas de la producción. En el tratamiento de la renta esta confusión se pone de manifiesto: el terrateniente interviene en la esfera de la competencia y con su acción influye sobre el valor de la mercancía. Marx será el encargado de desentrañar la conexión entre tres instancias conceptuales, al igual que entre las categorías de valor, valor de cambio y precio.

Smith fracasó en el intento de "demostrar" la vigencia de la ley del valor usando como sustento el comportamiento conciente de los poseedores de mercancías. Ricardo lo aventaja claramente ya que comprende que a) se trata justamente de una ley económica que opera a espaldas de los hombres y b) que su realización tiene lugar en la superficie del mercado, a través de la competencia entre múltiples capitales por obtener una tasa de ganancia mayor[15]. A pesar de este avance, no logra desentrañar la articulación entre estos momentos (producción y circulación) que aparecen apocopados en los primeros capítulos.

[15] El capítulo IV muestra además que las diferencias circunstanciales entre oferta y demanda no son más que el modo en que el sistema ajusta tendencialmente los precios de mercado a los valores, guiando a los capitales mediante la igualación de sus tasas de ganancia. También queda claro que lo que está en juego es cómo la humanidad asigna su capacidad laboral entre los distintos usos concretos. "Por tanto, es el deseo que cada capitalista tiene de desviar sus fondos de una colocación menos provechosa a otra más rentable, la que evita que los precios de mercado de los bienes sigan manteniéndose, durante mucho tiempo, por encima o por debajo de sus precios naturales. Es esta competencia la que ajusta el valor en cambio de los bienes, pues después de pagar los salarios del trabajo necesario para su producción, y todos los demás gastos requeridos para que el capital empleado vuelva a su primitivo estado de eficiencia, el valor restante o superávit será, en cada industria, proporcional al valor del capital empleado". (PEP, p. 69)

Bibliografía

- Ricardo, D. (1993), *Principios de economía política y tributación,* FCE, México.
- Sraffa, P. (1993) "Prólogo general a las obras completas de David Ricardo", en *Principios de economía política y tributación,* FCE, México.
- Marx, Carlos. *Contribución a la crítica de la economía política,* Ediciones Estudio, Buenos Aires, 1975a.
- Marx, Carlos. *El capital. Crítica de la economía política,* Tomo I, Siglo XXI, México, 1975b.
- Marx, Carlos. "Teorías sobre la plusvalía 1", en *Carlos Marx y Federico Engels: Obras Fundamentales,* vol. 12, FCE, México, 1980a.
- Marx, Carlos. "Teorías sobre la plusvalía 2", en *Carlos Marx y Federico Engels: Obras Fundamentales,* vol. 13, FCE, México, 1980b.
- Marx, Carlos. "Teorías sobre la plusvalía 3", en *Carlos Marx y Federico Engels: Obras Fundamentales,* vol. 14, FCE, México, 1980c.
- Rubin, Isaak. *A history of economic thought,* Pluto Press, Londres, 1979.
- De Angelis, Massimo. "Más allá del paradigma tecnológico y el paradigma social: Una lectura política del trabajo abstracto como sustancia del valor" en *Capital and Class* Nº 57, 1995.

Escuela Neoclásica

Diciembre 1999

1. Introducción

1.1 Nota aclaratoria

En la presente sección no se pretende realizar una exhaustiva exposición del pensamiento neoclásico; tampoco se formulará una completa crítica de sus fundamentos, método y conclusiones. El propósito es más modesto: se trata de proveer una buena reseña de las nociones elementales propias de la doctrina ortodoxa. Nos limitamos a exponer únicamente aquellos elementos imprescindibles para captar el alcance de la crítica que efectúa John Maynard Keynes, a la que estará dedicada la siguiente sección. Estos contenidos no difieren de los que se estudian, con un grado de rigurosidad y amplitud mayor, en un curso de microeconomía convencional.

Este capítulo también se distingue de los anteriores en lo referente al enfoque adoptado. En los precedentes la exposición se basó fundamentalmente en los escritos originales de los autores más relevantes. Aquí, en cambio, se recurrirá a los manuales contemporáneos de uso más frecuente. La escuela que expondremos así lo permite, ya que en general los conceptos fundamentales gozan dentro de esta corriente de aceptación casi unánime. Hay consenso entre los historiadores del pensamiento económico acerca del hecho de que la teoría neoclásica no ha evidenciado avances relevantes en los aspectos más básicos de la misma, desde que se produjeron los aportes originales de los "padres fundadores" de esta corriente. Casi todos los desarrollos posteriores consisten en mejoras en la rigurosidad, "elegancia" y complejidad de la formalización matemática del modelo. Además, al tratarse de formalizaciones matemáticas, la diferencia entre autores se encuentra principalmente en la notación y en la forma elegida para la representación gráfica. Es por eso que preferimos adoptar el enfoque moderno, de mayor simplicidad y generalidad. En efecto, la escuela neoclásica considera a su objeto de estudio (el aspecto económico del comportamiento humano en general como algo ahistórico e inmutable, por lo que plantea su propio desarrollo, al estilo del positivismo, como un proceso evolutivo en el que cada formulación mejora y complementa la anterior. Se consuma así la completa naturalización del modo de producción capitalista.

En la actualidad el pensamiento neoclásico es el dominante en los ámbitos académicos, de ahí que se lo denomine también la ortodoxia o mainstream (corriente principal). Es también clara su influencia sobre la práctica política y los dogmas ideológicos del denominado pensamiento neoliberal.

Como mencionáramos recién, tampoco se ensayará en las próximas páginas una crítica interna a esta teoría, crítica que en su mayor parte se encuentra contenida en el capítulo anterior. Aquellas contradicciones y limitaciones que Marx señalara como propias de la economía política clásica se aplican, y en mayor medida, al pensamiento neoclásico. A continuación y a modo de gozne con las secciones anteriores, señalamos seis aspectos tomados del texto de Screpanti y Zamagni en los que el sistema neoclásico se distancia de la economía política clásica y su crítica marxiana (Screpanti, 1995, p. 147 y siguientes). Esta comparación sólo se propone como una guía en la que la relación entre las diferentes escuelas se presenta exteriormente.

1. La problemática se centra en la asignación eficiente de una cantidad dada de recursos entre sus usos alternativos. Se abandona así el interés por el desarrollo económico característico de la escuela clásica. El concepto clave es entonces el de equilibrio.

2. Se adopta un enfoque utilitarista, según el cual el comportamiento humano puede reducirse a un principio universalmente válido: el cálculo racional dirigido a la maximización de la utilidad (satisfacción).
3. Se postula la vigencia del llamado principio de sustituibilidad, que se encuentra en directa contradicción con el pensamiento clásico. Para asegurar la posibilidad de elección tanto del productor como del consumidor, se supone que en el consumo los bienes son siempre reemplazables los unos por los otros; lo mismo ocurre con los "factores" en el proceso productivo.
4. La unidad económica es el agente individual, productor - empresa o consumidor - familia. Se trata de la unidad ya que es capaz de tomar decisiones de forma autónoma e independiente. La escuela neoclásica se distancia de sus predecesoras, ya que tanto los mercantilistas como los fisiócratas, los clásicos y Marx consideraban a la sociedad capitalista como dividida en clases sociales.
5. La economía es equiparada a las ciencias naturales, particularmente a la física. De esta manera se pasa por alto el carácter histórico de las leyes económicas. Al caracterizar a la economía como una ciencia cuyo problema fundamental es la escasez, las leyes y categorías se postulan como de validez universal. "Para que esto tenga sentido, es necesario remover a las relaciones sociales del campo de la economía, exorcizándolas como si se trataran de supersticiones, una pérdida de tiempo" (Screpanti Zamagni, 1995). Esta necesidad los lleva a tratar como genéricas a categorías como el capital, el interés, el empresario, el salario, propias del sistema capitalista.
6. Se abandona definitivamente la teoría del valor trabajo.

1.2 Surgimiento de la escuela neoclásica

El pensamiento neoclásico tiene su origen en la llamada revolución marginalista, que tuvo lugar en las décadas de 1870 y 1880. Las contribuciones más importantes se deben a tres obras que ven la luz casi simultáneamente: *La teoría de la Economía Política* (1871) de William Stanley Jevons; los *Principios Fundamentales de Economía Política* (1871) de Carl Menger; y los *Elementos de Economía Política Pura* (1874) de Léon Walras.

La peculiaridad de esta revolución en el seno de la teoría económica es que sólo tuvo lugar una década después de la publicación de sus obras fundacionales. Entre los redescubridores se puede mencionar a Marshall, Edgeworth y Wicksteed en Inglaterra, Wieser y Böhn-Bawerk en Austria, Pantaleoni en Italia y Cassel y Wicksell en Suecia. En los siguientes 30 años la teoría se refina y generaliza, enterrando al antiguo sistema clásico unificando la jerga, el método y el objeto propio de la escuela neoclásica que conquista así la supremacía (Screpanti, 1995).

2. Cuestiones generales acerca de la determinación del nivel del salario y el nivel de empleo en la teoría neoclásica

El objetivo de las páginas siguientes es exponer brevemente la porción de la teoría neoclásica (Keynes la denomina clásica) relevantes para la determinación del nivel de empleo. Resumidamente, y adelantando resultados, la teoría neoclásica sostiene que tanto el salario real (precio del trabajo) como el nivel de empleo (cantidad de trabajadores empleados) se determinan autónomamente, sin intervención consciente de agente económico alguno - ni del gobierno- en el *mercado de trabajo*.

Para la economía neoclásica, éste es un mercado análogo al de cualquier otro bien. Lo mismo puede decirse del mercado de activos, en los que se determinan precio (tasa de interés) y cantidad (capital) de equilibrio. Los mercados de bienes, capital y trabajo son equiparables.

Para comprender el funcionamiento del mercado neoclásico de trabajo, es conveniente describir primero la representación del funcionamiento del mercado de un bien cualquiera para luego, por analogía, "construir" el mercado de trabajo.

2.1 La concepción del mercado de la Escuela Neoclásica

Para los economistas neoclásicos, el mercado es un mecanismo autorregulado en el que interactúan oferentes y demandantes, donde el resultado de esta interacción es hacer que aquél siempre "tienda" automáticamente hacia posiciones de equilibrio. Según la definición extraída de un libro de texto, el mercado se considera "conjunto de mecanismos mediante los cuales los compradores y los vendedores de un bien o servicio están en contacto para comerciarlo" (Fisher y Dornbush). Estos demandantes no son otra cosa que los consumidores, cuya conducta en el mercado puede representarse mediante la curva de demanda que indica cuánto están dispuestos a adquirir a cada nivel de precios. Por su parte, el comportamiento de los productores se encuentra implícito en la curva de oferta.

Ahora bien, si estas conductas pueden representarse matemáticamente a través de las curvas de oferta y demanda, las características de éstas representaran entonces la forma del comportamiento de los agentes en el mercado. ¿Cuáles son, entonces, estas características? En primer término, la curva de demanda tiene pendiente negativa. Esta afirmación es aceptable aun intuitivamente, ya que lo único que implica es que ante un aumento en el precio de un bien, la cantidad demandada disminuye. La curva de oferta tiene, en cambio, pendiente positiva. Representa el comportamiento del productor que incrementa la cantidad producida toda vez que el precio de mercado de su producto aumenta, maximizando así su beneficio.

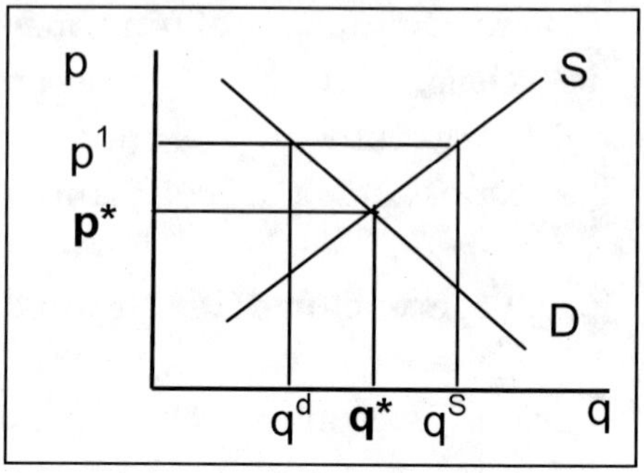

La intersección de la curva de oferta con la de demanda, determina simultáneamente el precio y la cantidad de *equilibrio*. Si observamos el gráfico vemos que para todo nivel del precio, queda determinada una cantidad ofrecida (sobre la curva de oferta) y una cantidad demandada. Tomando un precio arbitrario, por ejemplo p^1, vemos que la cantidad ofrecida (q^s) es mayor que la demandada (q^d). De las infinitas combinaciones entre precio y cantidad, hay sólo una en que la curva de oferta coincide con la de demanda. La intersección entre ambas curva se llama punto de equilibrio. En el punto de equilibrio (q^*,p^*) la cantidad ofrecida es igual a la demanda.

Hasta aquí la presentación de la representación matemática del mercado. Pero, ¿qué hay por detrás de estas curvas? Es decir, ¿cuál es su significado? Básicamente, se supone que las curvas de oferta y demanda reflejan la actividad en el mercado de agentes individuales que toman *decisiones racionales en forma aislada*, esto es, en ausencia total de coordinación previa. Estas curvas, entonces, se obtienen estudiando el comportamiento de los agentes (productor y consumidor), donde cada punto implica una conducta optimizadora. En las próximas secciones describiremos de qué forma la economía neoclásica describe el comportamiento de oferentes y demandantes. Basta aquí con aclarar que la racionalidad de estos agentes (la cual está postulada, es decir, es un supuesto del "modelo" a partir del cual los neoclásicos representan la economía) está definida en términos de que productores y consumidores "hacen lo mejor posible dado lo que tienen (las restricciones a las que se enfrentan)". Desde la perspectiva del consumidor, la curva de demanda indica cuánto planea consumir el demandante para cada nivel de precios *para obtener la máxima satisfacción posible*. Por su parte, la curva de oferta muestra cuánto planea ofrecer el productor a cada nivel de precios de modo de *obtener el máximo beneficio monetario posible.* Estas curvas, entonces, reúnen los *planes óptimos de producción y consumo.*

Podemos, a partir de las definiciones, dar así un nuevo significado al punto de equilibrio (q*,p*): es el único punto donde se cumplen simultáneamente los planes de oferentes y demandantes. Sólo allí sus decisiones resultan consistentes. A ese nivel de precios todo el que quiere vender, lo hace en la cantidad que desea, y todo el que quiere comprar, compra. Es así que si todos los mercados se encuentran en equilibrio, reina la *armonía,* ya que nadie es privado de la posibilidad de hacer lo mejor posible. La escuela neoclásica intenta demostrar dos cosas. En primer lugar, que ese punto de equilibrio, desde esta perspectiva tan atractivo y deseable, existe. En segundo lugar, que hacia ese punto marchan inexorablemente el precio y la cantidad, sin intervención consciente del hombre.

En efecto, en el punto p^1 que mencionáramos, el hecho de que la cantidad ofrecida sea mayor a la demandada desencadena un proceso de ajuste hacia el equilibrio. Cuando lo que se ofrece es mayor que lo que se demanda, el precio *tiende* a bajar, ya que se registra un *exceso de oferta*. Lo contrario sucedería si el precio fuese menor al de equilibrio. El exceso de demanda pondría en marcha un movimiento ascendente del precio.

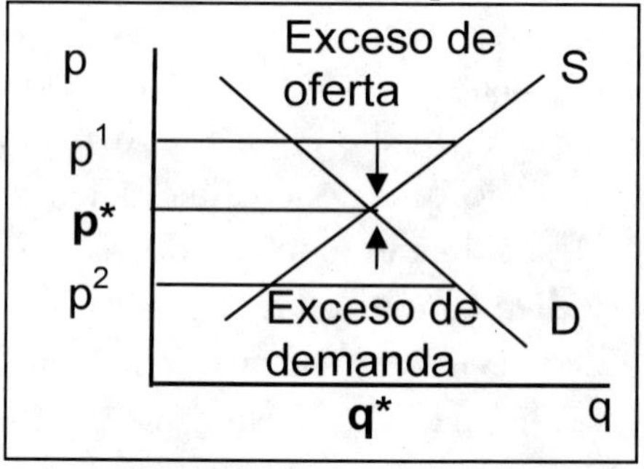

El único punto estable, en el que no hay incentivos para incrementar ni disminuir el precio, donde no existen excesos de oferta ni de demanda, es el de equilibrio.

Para la economía neoclásica, entonces, el mercado es un mecanismo automático que conduce a la humanidad hacia el mejor de los mundos posibles, el del equilibrio y la armonía, un mundo en el que todos pueden hacer lo mejor para sí mismo, esto es, optimizar. La persecución del interés egoísta por cada individuo conduce a una posición deseable desde el punto de vista social.[16] Simplificando –sólo levemente- el argumento neoclásico: si el mercado ajusta sólo, se sigue que el Estado debe mantenerse al margen del proceso, o sea, la mejor "política económica" es el *laissez faire*. Todo intento de intervenir tiene por resultado inexorable el desequilibrio. En cualquier otro punto, hay quienes no pueden actuar libremente, ejerciendo su "derecho" a optimizar.

[16] Es fácilmente demostrable que el equilibrio del mercado competitivo (es el que describimos) es óptimo en sentido de Pareto, es decir, no hay forma de beneficiar a alguien sin perjudicar a otro. La teoría neoclásica condena a los mercados monopólicos por el simple hecho de que no son eficientes en sentido de Pareto. Nuevamente esta forma de calificar a un mercado es defendible desde el sentido común.

2.2 De la conducta individual al mercado

La construcción teórica ortodoxa reconstruye el funcionamiento de los mercados utilizando como punto de partida al agente individual – el mercado reúne al productor y al consumidor. Como ya señalamos, la racionalidad de cada agente pasa por tomar decisiones óptimas de producción y consumo. A partir del análisis de la conducta individual se obtienen la curva de oferta y de demanda individuales para un producto. Para construir la oferta y demanda de mercado (total) para ese producto, se procede por la vía de la agregación, es decir, sumando las cantidades que cada uno de los agentes ofrecerá (o demandará) para cada nivel de precios.

Para llegar a esas curvas agregadas debemos, primero, estudiar los dos pilares de la teoría microeconómica neoclásica: la teoría del productor (a partir de la cual se llega a la oferta) y la del consumidor (base de la demanda).

3. La teoría del productor como explicación de la demanda de trabajo

Para los neoclásicos, son las empresas las encargadas de tomar las decisiones acerca de qué, cómo y cuánto producir. Para esto, contratan "factores de la producción", uno de los cuales es el trabajo. Los tres factores de la producción –tierra, trabajo y capital- contribuyen igualmente al proceso de "valorización", que se considera apologéticamente como sinónimo de la producción de bienes o valores de uso. Es claro que si estos autores no distinguen la producción de valores de uso de la producción de mercancías (productos del trabajo que poseen una doble forma, la forma de valor de uso y la forma del valor), jamás podrán distinguir al interior del proceso de producción de esas mercancías su carácter genérico de proceso de trabajo (donde efectivamente, los tres factores de la producción "contribuyen" a la creación del producto) de su carácter específico de proceso de formación de valor (cuya sustancia generadora es el trabajo humano abstracto). Y mucho menos su carácter de proceso de valorización del capital, es decir, de un proceso de producción de mercancías que encierran un plusvalor.

Sea como sea, lo cierto es que de esa indistinción los neoclásicos concluyen que cada factor recibe por su participación una remuneración. El propietario de la tierra es retribuido con renta, el del capital con beneficio (ganancia, interés) y el trabajador con salario. La teoría neoclásica deriva de su análisis la magnitud del salario, de la renta y del capital. El resultado será que cada factor recibe un ingreso igual a su contribución al producto. ¿Cómo medir esa contribución? Según la medida del *producto marginal* de ese factor, el cual se define como el incremento en la cantidad producida (física) atribuible al aumento en *una unidad* de la cantidad utilizada de ese factor. El producto marginal del trabajo muestra cuánto aumenta la producción al contratar una unidad más de trabajo (vgr. un obrero).

Ahora bien, ya sabemos que el objetivo del empresario es obtener el máximo beneficio posible. Para hacerlo contrata unidades de cada factor hasta el punto en que su remuneración es exactamente igual al ingreso adicional que genera, es decir, el valor del producto marginal. Hasta aquí la explicación marginalista acerca de cómo las cosas son. Pero algunos autores explícitamente (y la mayoría de los otros, implícitamente) intentan derivar de este análisis, la argumentación de que las cosas tal como *son* en el mercado por el "curso natural" de la producción material de valores de uso en condiciones de escasez, coinciden con el *deber ser* respecto de la distribución del ingreso entre los propietarios de los diferentes factores de producción. Históricamente fue John Bates Clarke el primero en utilizar el aparato teórico marginalista para *justificar moralmente* los resultados distributivos que brotan del libre juego de las fuerzas del mercado. Efectivamente, si se demuestra que la remuneración de cada factor de la producción es igual a su producto marginal se estará afirmando que cada cual recibe a cambio de su aporte lo estrictamente "justo"[17], es decir, el "valor" económico (salario) de su contribución física (producto marginal) al proceso productivo. Si al optimizar el empresario iguala el salario real al producto marginal, y esta constituye una remuneración "justa" desde el punto de vista económico, ya que a cada uno es retribuido según su contribución, entonces, nuevamente, nadie debe intervenir en el proceso de fijación de salario y de contratación de mano de obra. Si se busca no perturbar el proceso económico, el único caso en el que se puede otorgar un incremento salarial es cuando se incrementa la productividad del trabajo. Un ejemplo de la transformación de esta "ley económica" en un principio jurídico es la ley de convertibilidad que impide todo incremento salarial que no acompañe incrementos en la productividad del trabajo. Por supuesto, en este argumento queda sin explicar cuál es la alquimia que permite transformar mágicamente la participación en el proceso de creación de *valores de uso* en la contribución a la formación del *valor* que se distribuye en la forma de ingresos monetarios.

[17] Si bien la teoría neoclásica no recurre a esta noción de justicia explícitamente, es claro, aun desde una perspectiva intuitiva que cuando cada cual recibe una remuneración idéntica a lo que aporta, el cambio es aceptable.

3.1 La maximización de beneficios como objetivo del productor

Como ya se mencionó, para describir la conducta del productor, postulado como agente racional hay que supone que éste *hace lo mejor posible* con las *restricciones* que tiene. En otras palabras, el análisis del comportamiento del productor tiene dos elementos: lo que éste *quiere* y lo que este *puede*. Por supuesto, la conducta óptima es la que articula de la mejor manera posible ambos elementos. Respecto del primero de ellos, ya sabemos que el productor contrata insumos (factores) en el mercado para transformarlos en productos persiguiendo el objetivo de *maximizar beneficios*. Los marginalistas suponen, además, que el productor actúa en un mercado de *competencia perfecta*. Esto quiere decir fundamentalmente tres cosas:

- En primer lugar, implica que tanto el precio del producto como el de los insumos son para él un dato. Es el caso de un pequeño productor (por ejemplo un quintero de la provincia de Buenos Aires) que al concurrir al mercado central no fija el precio de su producto, sino que lo toma "del mercado". Al precio vigente en el mercado puede colocar la cantidad que desee de producto, sin que ese precio varíe. Lo mismo le ocurre cuando contrata un peón, cuya remuneración es la que fija el mercado.
- El producto de todos los productores debe ser absolutamente indistinguible, homogéneo.
- La tecnología está disponible para todos los agentes.

En otras palabras, la *competencia perfecta o pura* implica entonces que el productor no puede influir sobre el precio, esto se debe a que la cantidad máxima que puede llevar al mercado es mínima con respecto al total que se negocia. La teoría neoclásica fue fuertemente cuestionada, aun desde sus propias filas, por adoptar este supuesto[18]. La defensa usual consiste en afirmar que si bien esta situación no describe la realidad, constituye un punto de partida razonable, ya que se estudia al fenómeno en su pureza para luego "levantar" los supuestos uno a uno y analizar cuál es el resultado.

Por su parte, las restricciones a las que se enfrenta son básicamente dos:

- Su tecnología
- Los precios de mercado

A continuación, describiremos la versión más simple de la teoría, que es aquélla en la que el productor produce un solo producto (y) a partir de un único insumo (x). Todos los resultados a los que arribemos son generalizables para n insumos. El significado de la teoría no se ve alterado y la diferencia consiste en que sólo se agrega complejidad matemática.

3.2 El motivo del productor: el beneficio.

El beneficio (π) está definido como la diferencia entre el ingreso (I) y el costo (C). Los ingresos se obtienen como el producto del precio (p) por cantidad de producto (y). Los costos surgen de la multiplicación entre la cantidad de insumo que

---

[18] Entre los que manifestaron su disconformidad con esta representación del proceso de fijación de precios, se destaca el economista polaco Michal Kalecki, que afirma que para las empresas manufactureras, de estructura oligopólica o monopólica, el precio se fija aplicando un margen sobre el costo unitario (mark-up). La teoría neoclásica generó modelos de competencia "imperfecta" a partir de los aportes de Kalecki, la escuela de Cambridge (J. Robinson) y algunos marxistas (Sweezy).

contrata (x) y su remuneración por unidad (w). Matemáticamente podemos expresarlo de la siguiente forma.

$$\pi = I - C = p.y - w.x$$

Reordenando, expresamos a la función de beneficio como la ecuación de una recta: **y**=π/p + w/p **x** (como si y dependiera de x)[19]

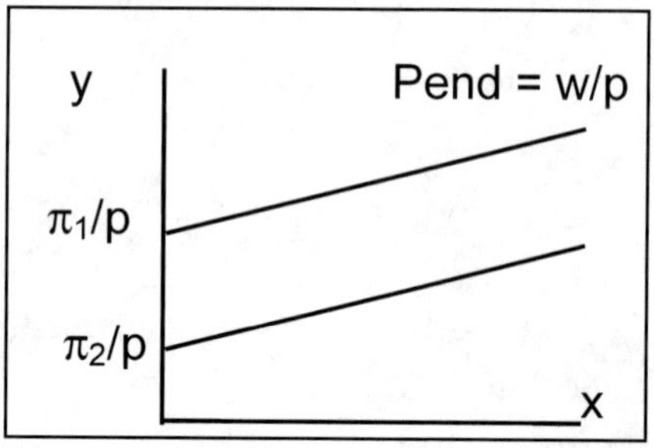

A continuación, graficamos las rectas de *isobeneficio*. Estas son rectas que unen puntos cuyo significado está dado por ser distintas combinaciones insumo y producto que rinden el mismo nivel de beneficio. Para ello se toma un nivel de beneficio arbitrario π_1 y se grafica las combinaciones de insumo y de producto que arrojan igual beneficio (π_1). La ordenada al origen de las rectas de isobeneficio es π/p. Su pendiente: w/p[20]. Si la cantidad de insumo contratada fuera nula (x=0), el beneficio sería igual a los ingresos (π=p.y). La ordenada al origen es igual a π_1/p, que es el nivel de producto que habría que vender para obtener un beneficio π_1 si x fuera igual a 0. Si contratáramos una unidad más de insumo y no se incrementara el producto, el beneficio disminuiría. La pendiente de las rectas de isobeneficio es posi-

[19] Para repasar la ecuación de la recta y el significado de la pendiente y la ordenada al origen, recurrir al apéndice I.

[20] Recurriendo al artilugio de la agregación mencionado más arriba, los neoclásicos consideran que *y* es una "mercancía agregada" y que *p* es el índice del nivel de precios de una canasta de bienes de consumo representativo. Si además suponemos que w es el salario promedio de la industria, podemos decir que w/p es el *salario real*.

tiva ya que para mantener constante el beneficio cuando se incrementa x hay que aumentar las ventas del producto final (y). Por otra parte, para distintos niveles de beneficio (π_1, π_2) las rectas de isobeneficio tienen igual pendiente, ya que w/p no se modifica. A mayor beneficio, mayor ordenada al origen, de modo que cuanto más arriba esté la recta, mayor beneficio representan las combinaciones (x,y) que reúne. Finalmente, recordemos que p y w se suponen dados: el productor no puede modificar los precios de mercado.

3.3 La restricción tecnológica: la función de producción

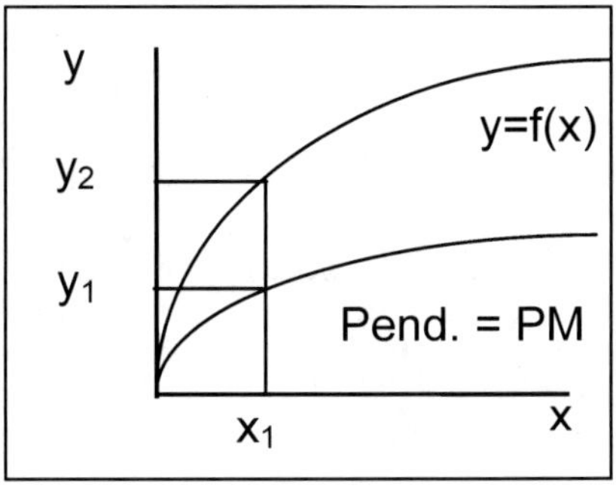

La función de producción es la forma en que la empresa puede transformar insumo **x** en producto **y**.

Su expresión matemática es y=f(x) (expresión más simple de la función de producción, donde la cantidad de producto **y** es función de la cantidad de un único insumo **x** que contrato).

Para la escuela neoclásica la función de producción es una "caja negra", ya que ingresa una cantidad de insumo x e instantáneamente se arroja una cantidad de producto y. Es una descripción del proceso productivo, del proceso de transformación material, que, en realidad, prescinde de él. Todo ocurre en el mercado, el productor adquiere insumo y obtiene producto como si entre ambas operaciones no mediara el tiempo y menos aún una esfera en la que se entablan relaciones sociales distintas a las vigentes en el mercado. Es como si toda relación social ocurriera en la esfera de la circulación de mercancías. En tanto proceso puramente material que no es visto como soporte de una forma específicamente social del proceso de producción, se lo considera como sujeto a relaciones meramente técnicas. Por lo tanto, sostendrían los neoclásicos, no es incumbencia de los economistas investigar lo que sucede dentro de ese proceso. El penetrar dentro de esa "caja negra", corresponde a los ingenieros industriales.

Básicamente, la función de producción es una forma de representar la tecnología: cuál es la máxima cantidad de producto que se puede obtener con cada nivel de insumo. Su lectura es simple, contratando una cantidad x_1 de insumo obtengo una cantidad y_1 de producto. Si se grafica una curva más alta, se está representando un "avance tecnológico" ya que con las misma cantidad de insumo se obtiene una cantidad mayor de producto y_2. La forma particular de esa relación entre insumo y producto no es algo relevante para el análisis neoclásico. La única propiedad que aparece como requisito es que toda función de producción cumple con la denominada *ley de los rendimientos marginales (finalmente) decrecientes*. Esto significa lo siguiente:

- Cada unidad de adicional de insumo incrementa el nivel de producto, pero cada vez en menor medida.
- Se trata de una generalización del análisis de Ricardo para la producción agrícola. Cada parcela adicional de tierra que se utilice tiene un rendimiento menor que la anterior.
- Se define como producto marginal al aumento del producto ante el incremento en una unidad en la cantidad utilizada de insumo ($\mathbf{PM}_x$).

- Es equiparable al concepto matemático de derivada (parcial): la derivada de una función indica cómo varía la función ante un pequeño cambio en la variable independiente (cómo varía y ante un pequeño cambio en x).
- La ley de los rendimientos marginales decrecientes implica que el producto marginal es *positivo* (siempre aumenta el producto) pero *decreciente* (cada vez lo hace en menor medida).

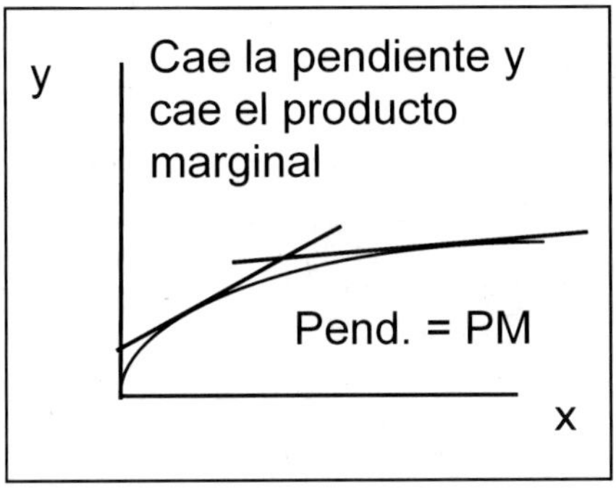

La importancia de este supuesto acerca de la función de producción reside en que a partir de él podemos conocer la *pendiente* de la función de producción. Ésta va disminuyendo acorde aumenta x. Esto es así porque *la pendiente de la función de producción es igual al producto marginal del insumo.*

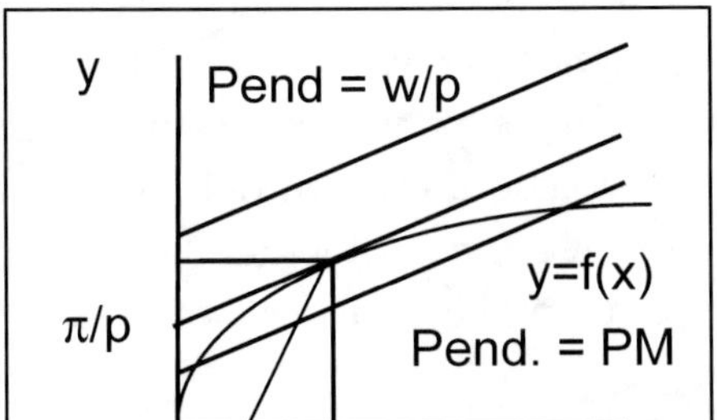

3.4 Solución gráfica del problema del productor

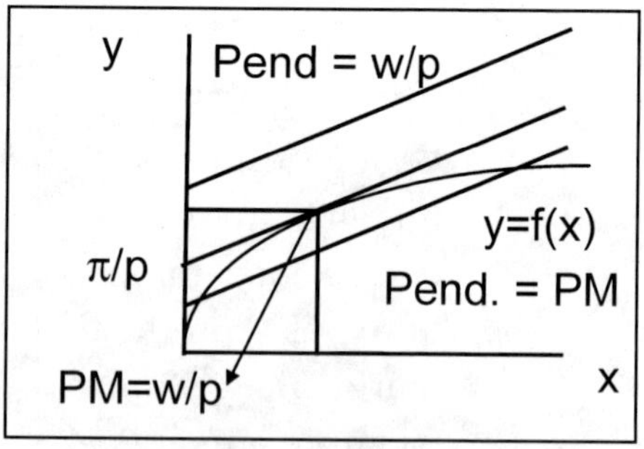

El problema de la maximización de beneficios se reduce, en el enfoque gráfico, a encontrar el punto sobre la función de producción (tecnológicamente asequible) que toca a la curva de isobeneficio más alta.

En ese punto se obtiene el máximo beneficio posible.

El problema de la maximización de beneficios se reduce, en el enfoque gráfico, a encontrar el punto sobre la función de producción (tecnológicamente asequible) que toca a la curva de isobeneficio más alta. En ese punto se obtiene el máximo beneficio posible.

Además, allí la curva de isobeneficio es tangente a la función de producción (se tocan en un solo punto). *Cuando una recta es tangente a una curva, sus pendientes se igualan en ese punto.* La pendiente de la función de producción (PM) se iguala a la de las isobeneficios (w/p). En el óptimo siempre se cumple una condición de tangencia, es decir, se igualan las pendientes. Es claro que sólo en el óptimo **PM = w/p**. se cumple la igualdad y, por lo tanto, es esta una regla para decidir cuánto producir. Encontramos, entonces, la conducta que debe seguir el productor de forma de comportarse racionalmente: debe producir la cantidad que iguale el producto marginal al salario real.

3.5 Solución analítica

En términos matemáticos, este problema se convierte en un ejercicio de optimización donde:

1. **max** π = p. f(x) - w.x. La condición de primer orden (esta es una técnica matemática genérica) se obtiene igualando la derivada primera a 0.
2. Derivo con respecto a x e igual a cero.
3. p. PM_x - w = 0 $\Rightarrow$ PM = w/p

3.6 Ejercicio de estática comparativa 1 (cambio en el precio)

El ejercicio de estática comparada sirve para ver qué pasa con el óptimo cuando varía alguno de los parámetros, en este caso de los precios de mercado p y w. Al realizar estos ejercicios se realiza el supuesto denominado *ceteris paribus*. Se analiza el resultado del cambio en esa variable suponiendo a todas las demás constantes.

Estudiemos, como primer ejercicio de estática comparativa a partir de la maximización del beneficio, el efecto de una caída en el precio de mercado del producto (↓p).

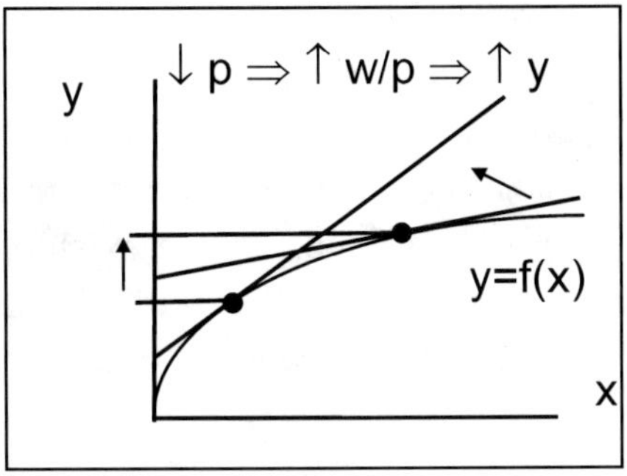

1. Como es un mercado de competencia perfecta, el productor toma el precio como un dato que suministra el mercado.
2. Si ↓ p ⇒ ↑ w/p.
3. La *pendiente de las isobeneficio es mayor*, por lo tanto, es tangente a la función de producción en un punto de PM mayor, es decir, para un y menor.

4. Si ↓ p ⇒ ↓ y (↓ x). El resultado es, entonces, que *ante una caída del precio del producto el nivel de insumo contratado y, en consecuencia, el nivel del producto obtenido es menor para el nuevo estado de equilibrio.*

3.7 Derivación de la función de oferta de producto de la empresa

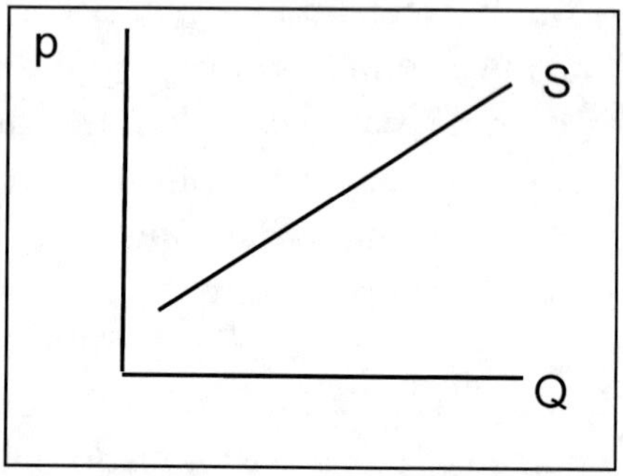

De la estática comparativa para un cambio en el precio del producto obtenemos la *curva de oferta de la empresa.*

Cuando ↓ p si los empresarios maximizan beneficio, les convendrá contratar producir una cantidad mayor ⇒ ↑ y. Este es el resultado principal de este ejercicio en lo que atañe a los mercados de productos: *hemos obtenido, a partir de la conducta racional del consumidor, una curva de oferta con pendiente positiva, cuando sube el precio, el empresario racional, optimizador, ofrecerá una cantidad mayor de su producto para obtener el máximo beneficio.* Este resultado es crucial para la existencia del equilibrio en el mercado. Sin embargo, afirma lo trivial: cuando sube el precio, el productor aumenta la oferta.

3.8 Ejercicio de estática comparativa 2 (cambio en el salario)

La contracara del ejercicio anterior genera la curva que describe el comportamiento del productor en el mercado de factores (trabajo). Cómo reacciona ante un aumento (caída) del salario.

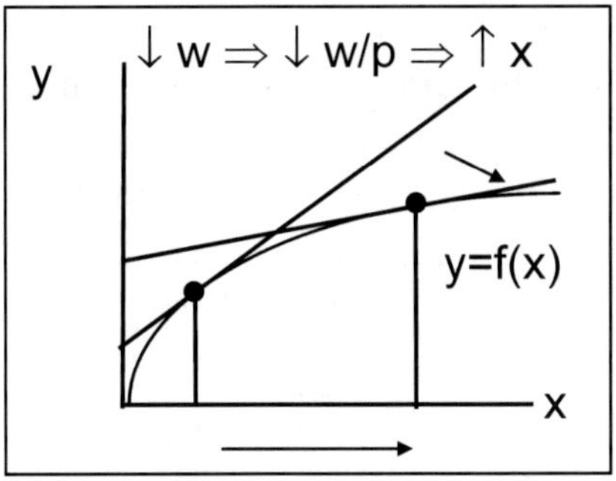

1. Si ↓ w ⇒ ↓ w/p
2. La *pendiente de las isobeneficio es menor*, por lo tanto, es tangente a la función de producción en un punto de PM menor, es decir, para un x mayor
3. En conclusión, si ↓ w ⇒ ↑ x

El resultado es nuevamente previsible. Según este ejercicio, ante una reducción en el salario el capitalista incrementará su ganancia si contrata un número mayor de trabajadores.

3.9 Derivación de la curva de demanda de trabajo

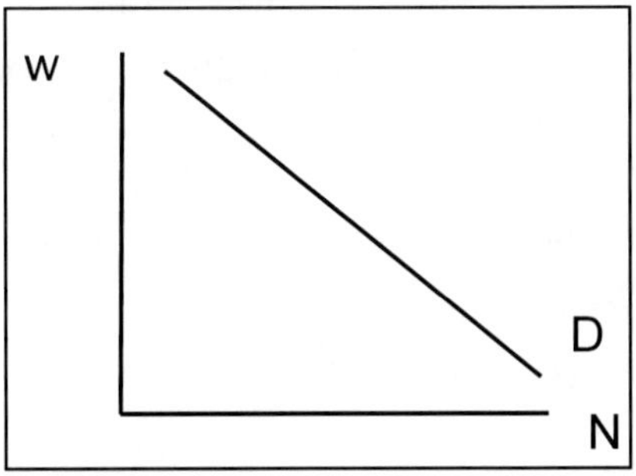

De la estática comparativa obtenemos la curva de *demanda de trabajo*. Cuando ↓ w, si los empresarios maximizan beneficio, les convendrá contratar un mayor nivel de insumo ⇒ ↑ x. La curva de demanda de trabajo tiene, entonces, pendiente negativa (como toda curva de demanda).

3.10 Contenido intuitivo de la teoría del productor

Así visto parece por completo contrario al sentido común. El "aporte" del marginalismo consiste en afirmar que los agentes económicos toman sus decisiones en el margen, deciden mirando la última unidad, no el monto total. Este aporte, que inicialmente desarrolló William Stanley Jevons para la teoría del consumidor, fue desarrollado por Carl Menger desde la perspectiva del productor. Para decidir cuántos obreros contratar el empresario observa la contribución marginal (de la última unidad) al producto. Ilustraremos esto mediante un ejemplo. Supongamos que un productor posee una plantación de naranjos y desea contratar mano de obra para cosechar su producto. El precio del cajón de naranjas está dado en el mercado ($10) y el salario de mercado mensual también está dado ($200). El productor no puede influir sobre estos (la teoría denomina a esta una posición "price taker"). Lo que sigue a continuación es publicar un aviso en el diario ofreciendo empleo. Al día siguiente[21] se presentan candidatos: ¿cuántos contratar? O lo que es lo mismo, ¿cuántas naranjas cosechar?

Veamos, en primer lugar, qué pasa con el primer trabajador que contratamos durante un mes. Al cabo de ese período su producción asciende a 25 cajones de naranjas. 25 es, por ende, el producto marginal que rinde el primer trabajador (lo que aporta una unidad adicional de insumo al producto). La ganancia, por su parte, es de $50. Al mes siguiente publica nuevamente el aviso y decide contratar dos trabajadores, con sorpresa encuentra que su producto marginal es menor: 22 cajo-

[21] Se trata de una metáfora, porque en la construcción neoclásica todas estas decisiones se toman de forma instantánea.

nes[22]. De todas maneras, decide contratarlo pues lo que se obtiene por su incorporación es mayor a lo que cuesta contratarlo. El mes siguiente deja entrar a un tercero, cuyo PM=21; al siguiente otro, cuya PM=20; y finalmente, en el quinto mes, contratamos uno cuya PM=19. A este último, el productor decides echarlo. Nótese, sin embargo, que la ganancia no se hace negativa. Lo que se deduce en este ejemplo es que la cantidad óptima es de 4 trabajadores[23]. En el siguiente cuadro se resumen los resultados del ejemplo.

N	Precio	x	PM		w	Ganancia	I = p.y	C = w.x
1	10	x	25	>	200	50	250	200
2	10	x	22	>	200	50+ 20 = 70	470	400
3	10	x	21	>	200	50+20+10 = 80	680	600
4	**10**	**x**	**20**	**=**	**200**	**80**	**880**	**800**
5	10	x	19	<	200	80 - 10 = 70	1070	1000

Pareciera, entonces, que la regla de decisión que debe seguir el empresario para saber cuándo deja de tomar obreros adicionales es que lo que el trabajador aporta (p. PM) sea menor que lo que me cuesta (w). Es decir, mientras que p.PM sea mayor que w, la cantidad de insumo contratada (x) se incrementará. Al contrario, cuando el valor de la productividad marginal (p.PM) sea menor que el salario, se echarán obreros.

[22] Supongamos que las naranjas se encuentran distribuidas en cada árbol de tal forma que primero se toman las más cercanas al suelo y luego hace falta trepar para arrancar las siguientes, lo que resulta más trabajoso.

[23] En el ejercicio supuesto, la ganancia es la misma para 3 que para 4 trabajadores. Esto se debe a que utilizamos funciones discretas. Si se tratara de funciones continuas los incrementos serían de orden infinitesimal.

En el óptimo, el costo de contratar el último obrero se iguala al aporte que éste realiza, es decir, al valor de su productividad marginal (p.PM = w). Efectivamente, mirando sólo la última unidad puede el empresario tomar su decisión productiva.

Aquí se pueden hacer los mismos ejercicios de estática comparativa:

- si ↑ precio ⇒ produce más y contrata más insumo. Si, en nuestro ejemplo, el precio se incrementara hasta $11 ⇒ sí contrataría al trabajador 5. (p . PM = 209 >200)
- si ↑ w ⇒ produce menos y contrata menos insumo. Si w=210 ⇒ ↓ x, x = 19.
- Si mejora la tecnología ⇒ ↑ PM (para todo x) ⇒ ↑ y, ↑ x.

4. La teoría del consumidor como explicación de la oferta de trabajo

4.1 Introducción

Así como quienes demandan trabajo son las empresas (los productores), la demanda de trabajo se derivará, por su parte, de la conducta del consumidor. La decisión que éste debe tomar está entre trabajar mucho y disfrutar de mucho consumo y poco ocio, o trabajar poco y disfrutar de menos consumo y más ocio. En realidad, la decisión acerca de cuánto trabajar es, en tanto representa la contracara de la decisión acerca del consumo de ocio, asimilable a la decisión de consumo de cualquier otro bien. La racionalidad del consumidor pasa también por hacer lo mejor (maximizar su satisfacción), dado lo que tiene (presupuesto determinado por su ingreso o renta pero también por los precios de mercado). Antes de mirar lo que sucede respecto de ese bien particular que se supone que es el ocio (el trabajo, se considera un mal[24], es decir, un bien cuyo consumo reduce el bienestar del individuo), veremos cómo se modeliza en general la decisión de cuánto consumir de cada bien.

4.2 Maximización de la utilidad, sujeta a la restricción presupuestaria

El consumidor tiene que decidir cuánto consumir de cada bien de los disponibles en el mercado. Tal como lo hicimos en el caso del productor, analizaremos el caso más simple, donde se trata de decidir las cantidades óptimas a consumir de dos bienes. Suponemos también un mercado de competencia perfecta, es decir, el consumidor toma los precios como un dato del mercado.

4.3 La restricción de presupuesto: lo que el individuo puede.

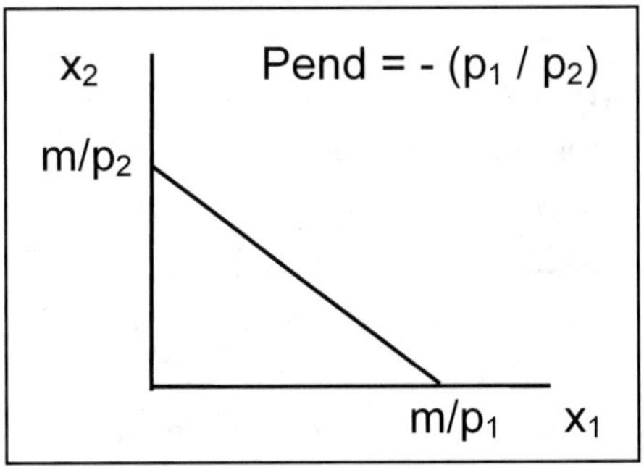

En este ejercicio, suponemos que hay dos bienes disponibles en toda la economía, x_1 y x_2, cuyos precios de mercado son un dato (p_1 y p_2). Por otra parte, consideramos que el consumidor agota su ingreso (m) en el consumo

[24] La escuela marginalista moderna utiliza esta peculiar denominación para distinguir las cosas útiles de las que no lo son.

de los dos bienes. De esta forma, podemos representar las posibilidades de gasto de ese ingreso mediante la siguiente ecuación.

$$m = p_1 . x_1 + p_2 . x_2$$

Para graficarlo, damos la expresión de la ecuación como recta.

$$x_2 = -(p_1 / p_2) . x_1 + m / p_2$$

La ordenada al orgien (m / p_2) mide la cantidad del bien 2 que se puede consumir si se destina toda la renta al consumo de este bien. Lo mismo la abscisa al origen (m / p_1) respecto de el bien 1.

4.5 Las preferencias (satisfacción en el consumo): lo que el individuo quiere

La economía neoclásica supone que se puede obtener para un individuo una expresión de sus preferencias en el consumo denominado mapa de preferencias. Para el caso de dos bienes (peras y cigarrillos) se pueden construir las infinitas canastas posibles de consumo, con todas las combinaciones posibles del bien 1 y el bien 2, de la forma (x_1; x_2). Una canasta está conformada por 2 peras y 1 cigarrillo (2;1), otra por 1 pera y 6 cigarrillos (1 ;6), y así sucesivamente. Las combinaciones cuantitativas son infinitas. La idea es que el individuo recibe su renta y al cabo de un tiempo se puede observar que la ha gastado en una canasta en particular, de las infinitas canastas posibles. La teoría del consumidor trata de suministrar una explicación que permita dar cuenta de por qué eligió específicamente esa canasta.

La teoría neoclásica requiere únicamente que dadas las infinitas canastas de consumo disponibles, el consumidor pueda ordenarlas según su orden de preferencia. Prefiere (1;6) a (1 ;2). Se utilizan símbolos especiales para representar la relación de preferencia. (es por lo menos tan buena: $\geq$, es indiferente : ~). La teoría exige, además, que se cumpla una serie de axiomas (axiomas de la teoría del consumidor) que la hacen consistente: Comparabilidad, Completitud, Reflexividad, Transitividad. Si estos axiomas se cumplen, entonces se puede asignar un número de orden a cada canasta: Si A > B > C > D se les asigna los valores arbitrarios, siempre y cuando respondan a la ordenación: 10, 5, 3, 1.

4.6 Función de Utilidad

El orden de preferencias puede representarse a través de una función matemática, a la que se denomina *función de utilidad,* que asigna un número acorde al orden de preferencias a cada canasta.

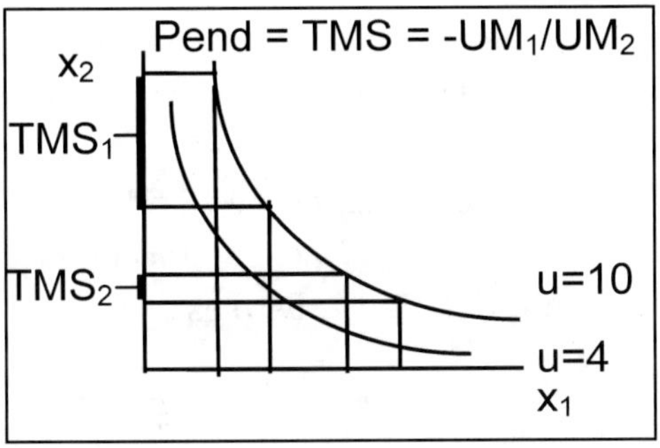

Matemáticamente, la función de utilidad tiene la forma **u (x_1 ; x_2)**. Gráficamente, la función de utilidad puede representarse en el plano mediante sus curvas de nivel (proyecciones de una función en el espacio al plano x, y) para cada nivel de utilidad.

Estas curvas de nivel se denominan curvas de indiferencia, y a lo largo de las curvas de indiferencia se encuentran combinaciones de x_1 y x_2 que reportan al consumidor la misma satisfacción (utilidad). Son el lugar geométrico de todas las canastas de igual utilidad. Así como una característica de las funciones de producción es tener un producto marginal decreciente, la teoría del consumidor afirma que la *utilidad marginal es decreciente*. Esto quiere decir que la satisfacción obtenida por el consumo de una unidad adicional de un bien es cada vez menor. Si simultáneamente se cumple el llamado *principio de no saciedad*: la UM es decreciente pero siempre positiva. Nunca me provoca una *disatisfacción* el consumo de una unidad adicional (positiva), pero cada vez me provoca un aumento menor en la utilidad (decreciente).

Otra de las categorías clave es la *tasa marginal de sustitución,* la cual indica cuántas unidades del bien 1 requiero para compensar la disminución en una unidad en el consumo del bien 2. Como la utilidad marginal es decreciente para todos los bienes, la tasa marginal de sustitución es también decreciente ($-UM_1/UM_2$). Cuando tengo pocas unidades del bien 1 exijo muchas del bien dos para resignar parte del consumo del bien 1. Además, el valor numérico de la TMS coincide con el de la pendiente de la curva de indiferencia calculada en cualquier punto (la pendiente, como muestra el gráfico, es también decreciente).

Matemáticamente, podemos deducir la expresión de la TMS analizando el cambio en la utilidad por aumentar el consumo del bien 1. Esto es:

$$\Delta U = \Delta x_1 .\ UM_1 \Rightarrow \Delta U = \Delta x_1 .\ UM_1 + \Delta x_2 .\ UM_2 .$$

Para calcular la TMS tengo que suponer que $\Delta U = 0$ de forma que obtenemos

$$\mathbf{TMS = UM_1/UM_2 = -\Delta x_2 / \Delta x_1}$$

4.7 Solución gráfica al problema del consumidor

Como ya señalamos, el consumidor debe obtener la máxima utilidad, sujeto a su restricción presupuestaria. Gráficamente, el problema se reduce a encontrar la curva de indiferencia más alta que toque su restricción presupuestaria.

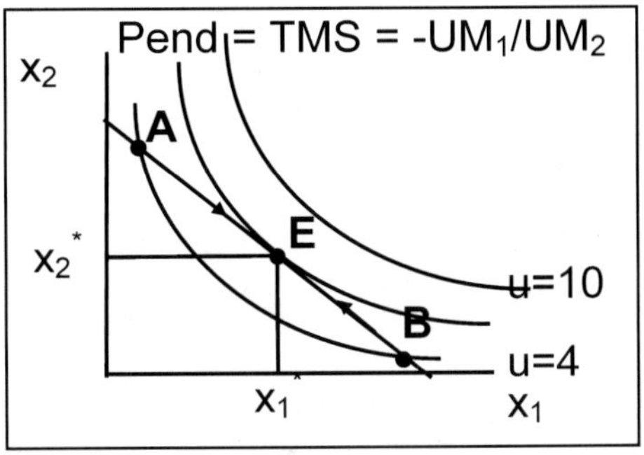

Si nos paramos en el punto A, vemos que el consumidor comienza a desplazarse hacia abajo (aumenta el consumo del bien 1 en detrimento del bien dos) para la derecha por su restricción presupuestaria accede a una utilidad mayor. En cambio, si comenzamos del punto B, observamos que al consumidor le convendrá ir hacia arriba y hacia la izquierda. El único punto de reposo, en el cual al consumidor no le conviene (no tiene incentivo para hacerlo) cambiar las cantidades consumidas de x1 y x2 es el punto E. El punto E es el *óptimo*, el punto de máxima utilidad. La canasta que el consumidor va a comprar es, entonces, (x_1^* ; x_2^*). En este punto se cumple una condición de tangencia (entre las curvas de indiferencia y la restricción presupuestaria):

$$\mathbf{TMS = UM_1/UM_2 = p_1/p_2}$$

4.8 Solución analítica

El problema de la maximización de la utilidad se trata de un problema matemático de extremos condicionados de la forma:

$$\max \mathbf{u}\,(\mathbf{x_1}; \mathbf{x_2}), \text{ sujeto a } \mathbf{m} = \mathbf{p_1} \cdot \mathbf{x_1} + \mathbf{p_2} \cdot \mathbf{x_2}$$

El óptimo se obtiene a través del procedimiento de Lagrange, es decir, igualando a cero las derivadas primeras de la función de Lagrange o Lagrangeano. Se trata de la condición de primer orden o condición necesaria. La exposición de la condición de segundo orden o suficiente excede con mucho el objetivo de esta presentación. Por su parte, las de primer orden se reducen a:

$L = u\,(x_1; x_2) - \lambda\,(p_1 \cdot x_1 + p_2 \cdot x_2 - m)$
$L'\,x_1 = UM_1 - p_1 = 0 \Rightarrow UM_1 = p_1$ (1)
$L'\,x_2 = UM_2 - p_2 = 0 \Rightarrow UM_2 = p_2$ (2)
$L'\lambda = p_1 \cdot x_1 + p_2 \cdot x_2 - m \Rightarrow p_1 \cdot x_1 + p_2 \cdot x_2 = m$ (3)

El cociente miembro a miembro de las ecuaciones 1 y 2 permite obtener la siguiente condición para el óptimo:

$$\mathbf{UM_1 / UM_2 = p_1 / p_2}$$

Como se ve, ésta no es ni más ni menos que la condición de tangencia encontrada desde el punto de vista gráfico.

4.9 Solución intuitiva

Recordemos que la tasa marginal de sustitución muestra cómo sustituye el consumidor el bien 1 por el bien 2. En este sentido, podemos decir que es la relación de cambio tal como existe *subjetivamente* para el individuo. Los precios relativos muestran cómo lo hace el mercado, es decir, constituyen la relación de cambio que *objetivamente* impone la "sociedad". Un ejemplo sencillo permitirá una mejor comprensión del asunto.

Como tanto le gusta a los economistas neoclásicos, miraremos un caso de intercambio de productos no mercantiles como ilustración del análisis del intercambio de mercancías. Supongamos que en la escuela (en el mercado) el niño Alberto puede cambiar 2 figuritas del Ancho Rubén Peuchele (bien A) por 1 figurita de Martín Karadagian (bien M). El precio relativo es ½ ($=p_A/p_M$). Por otra parte, supongamos que Alberto recibe dos paquetes de 5 figuritas. Independientemente de cuáles le toquen, al finalizar el día el volverá a su casa con una composición distinta, fruto del intercambio que entablará. Tal vez vuelva con una cantidad mayor que la que compró.

Para definir las preferencias de Alberto, no alcanza con decir cuál prefiere de los dos personajes (TMS), ya que esta relación no será constante (como ocurriría si se tratase de una curva de indiferencia recta, propia de los bienes sustitutos). Ambos tienen para él una utilidad marginal decreciente, ya que la cantidad de figuritas del Ancho que estará dispuesto a recibir Alberto a cambio de una de Martín es una magnitud variable y depende de cuántas tiene de cada uno [TMS=f(x1;x2)]. Supongamos que Alberto abre ambos paquetes y encuentra que tiene 9 figuritas de M y sólo 1 de A. Si Alberto adorara a M y no quisiera ni un poco a A (las figuritas de A no serían un bien sino un mal, le causaran "desutilidad"), entonces esta situación lo contentaría. Pero no es así. Como la utilidad marginal es decreciente, cuántas más figuritas de una clase tiene, menos utilidad le reportan y, a la inversa, desea más aquello de lo que dispone en poca cuantía.

Es así que cuando recibe sus figuritas antes de ir al colegio, Alberto calcula la proporción en que está dispuesto a intercambiar sus pertenencias. Al tener muchas M, por lo tanto, está dispuesto a pagar un precio elevado por algo de A. Luego de pensarlo, decide que accederá a cambiar 4 figuritas M por una A. Esta situación en términos de utilidades marginales significa que como la cantidad de M es grande, la UMM es pequeña, mientras como la cantidad de A es pequeña UMA es grande, por lo tanto TMS (=UMA/UMM) > 1, en este caso es igual a 4. Tal es la tasa a la que está dispuesto a cambiar figuritas, la cual refleja sus preferencias subjetivas, es decir, lo qué Alberto *quiere*.

Veamos que sucede ahora objetivamente en el "mercado", lo cual representa lo que Alberto *puede* hacer. Llega a la escuela y descubre, con agrado, que en el recreo se ofrecen 2 de A por una de M, mientras él estaba dispuesto a desprenderse de 2 de M por una de A. Evidentemente, Alberto procede a intercambiar. Entrega una sola figurita de M y recibe 2 de A. En consecuencia, al regresar a su casa tiene en su poder 11 figuritas, 3 de las cuales son de A y 8 de M. Nuevamente calcula su tasa marginal de sustitución, y decide que está dispuesto a cambiar menos de M, ya que sólo le quedan 8, por una de A. Sólo si el mercado le ofrece 1 de A a cambio de 3 de M accederá al cambio. Y efectivamente, cuando llega nuevamente el recreo y grita, "doy 3 de M a cambio de 1 de A", una multitud de niños se agolpa alrededor de Alberto, ya que el mercado valúa 1 de M como equivalente a 2 de A. Alberto nuevamente entrega sólo una de M y recibe 2 A. Feliz, pues salió favorecido con el intercambio, vuelve al hogar para realizar el mismo procedimiento que viene realizando todas las tardes. Recuenta y observa que ahora tiene en total 12 figuritas, 5 de A y 7 de M. Alberto está dispuesto a dar sólo 1 de M a cambio de 1 de A. Como el mercado le pide sólo media, aún le conviene el intercambio. Entusiasmado y algo hastiado de la lentitud del ajuste, Alberto, impulsivo, entrega 2 M y recibe 4 A. Como todos los días, vuelve a su casa y cuenta sus figuritas. Pero esta vez las cosas ya no resultan como antes. Alberto nota que de sus 14 figuritas, sólo 5 son de M. Ahora valora más las figuritas de M que las de A, a la inversa que cuando abrió los paquetes. Ahora sólo le resultará ventajoso el intercambio si le dan 1 de A a cambio de 1/3 de una de M. Cuando llega al mercado, ve que el cambio está a ½ (2 de A por una de M). El estaba dispuesto a dar 3 de A por una de M, así que entrega 2 de A y recibe 1 de Martín.

					Relación de cambio	
	Dotación				**Del individuo (subjetiva)**	**Del Mercado (objetiva)**
Día	**Bien A**		**Bien M**		**TMS =** $UM_A/UM_M = \Delta M/\Delta A$ Cuántas de entrega M a cambio de 1 de A.	p_A/p_M
1	1		9		4	½
2	3		8		3	½
3	5		7		1	½
5	**7**		**6**		**½**	**½**
4	9		5		1/3	½

Es así como Alberto llega al equilibrio, ya no puede obtener ganancias derivadas del intercambio (comercio) y, en consecuencia, ya no tiene ningún incentivo a cambiar su situación. En este sentido, podemos decir que el niño a alcanzado un óptimo y es por eso que no tendrá deseos de moverse de ese "punto de equilibrio".

Ahora bien, observemos el resultado y fijémonos cuál es la regla que, sin saberlo, utilizó Alberto para decidir con cuántas figuritas de A y con cuántas de M quedarse, es decir, *qué canasta de consumo de figuritas elegir de forma de maximizar su utilidad*. Lo que nos muestra el ejercicio es que Alberto, niño muy racional, se comportaba de forma tal que:

-Si TMS (UM_A / UM_M) > $p_A / p_M \Rightarrow \uparrow$ A (y $\downarrow$M)
-Si TMS (UM_A / UM_M) < $p_A / p_M \Rightarrow \uparrow$ M (y $\downarrow$A)
-Si TMS (UM_A / UM_M) = $p_A / p_M \Rightarrow$ Equilibrio (M y A cte.).

Esta regla es el resultado que habíamos alcanzado tanto gráfica como analíticamente y que, según la escuela neoclásica, rige el comportamiento del consumidor.

4.10 Estática comparativa

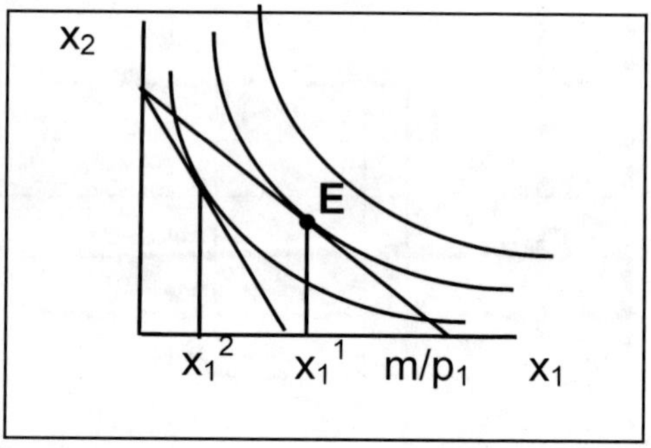

En este apartado analizaremos la siguiente cuestión. ¿Qué sucede con el consumo del bien 1 si se registra un incremento en el precio del mismo? De lo que se trata es de encontrar el nuevo punto de equilibrio para el consumidor. Por medio del herramental gráfico puede determinarse cuál será la nueva cantidad óptima que maximiza la utilidad sujeto a la restricción presupuestaria.

Es claro que si $\uparrow \mathbf{p_1} \Rightarrow \downarrow \mathbf{m/\ p_1} \Rightarrow \downarrow x_1^*$. En conclusión: al incrementarse el precio del bien 1, cae la cantidad demandada del bien 1 (si las curvas de indiferencia tienen esta forma, lo que constituye un requisito fundamental para el funcionamiento de la teoría).

4.11 La curva de demanda de un bien

El ejercicio de estática comparativa anterior conduce al resultado observable de la teoría neoclásica del consumidor: la curva de demanda de un bien.

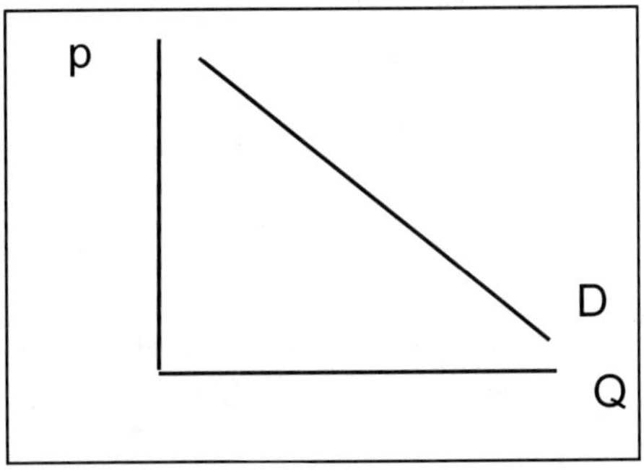

Se obtiene lo que era esperable: una curva de demanda de mercado con pendiente negativa para un consumidor racional. Es así como los neoclásicos pretenden encontrar el fundamento del movimiento del mercado en las conductas racionales de las decisiones aisladas de los individuos. Detrás de esa curva del mercado no hay más que puntos de equilibrio del consumidor que reflejan su conducta optimizadora.

4.12 Un caso particular del problema del consumidor: la derivación de la oferta de trabajo

El comportamiento del consumidor en el mercado de trabajo se va a reducir a un problema de maximización de la utilidad. La conducta entonces será, como en todas las demás elecciones, racional. Lo que el consumidor tiene que decidir es cuántas horas destina al ocio (que es un bien, le da satisfacción) y cuántas al trabajo que le da displacer. La contraparte de esto es que el trabajo le proporciona una remuneración que le posibilita consumir. Se plantea un problema análogo al de la elección entre cualquier par de bienes, sólo que ahora la elección es entre Ocio y Consumo.

El consumidor tiene que decidir la cantidad que consume (**C**); **p** es el precio del consumo, **L** la cantidad ofrecida de trabajo y **w** el salario. La cantidad de trabajo se mide en horas por lo que w es el salario horario. El valor de su consumo debe ser igual al ingreso salarial (se puede también partir del supuesto de que el consumidor accede además a un ingreso no salarial M proveniente de rentas, etc.). De esta forma, su restricción presupuestaria será:

$$w.L = p.C$$

Pero las horas de trabajo ofrecidas son necesariamente la diferencia entre la jornada completa (24 horas) y el tiempo destinado al ocio.

$$L = 24 - O \Rightarrow$$
$$w.(24 - O) = p.C \Rightarrow$$
$$\mathbf{w.24 = p.C + w.O}$$

El total de lo que podría ganar (trabajando las 24 horas) lo gasta o bien en consumir C tomado a su precio p, o bien en ocio, valuado a su costo de oportunidad, es decir, el salario (w.O). Este último término pone al costo oportunidad del ocio como un gasto. En consecuencia, la expresión de la restricción presupuestaria en forma explícita (como la ecuación de una recta) es:

$$\mathbf{C = (-w/p)\,O + (w/p)\,24}$$

La "restricción presupuestaria" indica sobre el eje O (abscisa al origen), a cuánto ocio accedería si dedicara toda su jornada a descansar = 24 horas. La ordenada al origen muestra que si dedicara toda la jornada a trabajar (ocio=0), accedería a un consumo de (w.24)/p. Por su parte, la pendiente muestra cómo sustituye el mercado ocio por consumo. Además, se supone que el consumidor puede establecer sus preferencias en la elección entre ocio y consumo. Si la función de utilidad tiene las propiedades normales, las curvas de indiferencia son de pendiente negativa y convexas al origen. Como se desprende del gráfico, el óptimo se alcanza en el punto en que la utilidad marginal del ocio (desutilidad marginal del trabajo) se iguala al salario real por la Utilidad marginal del consumo.

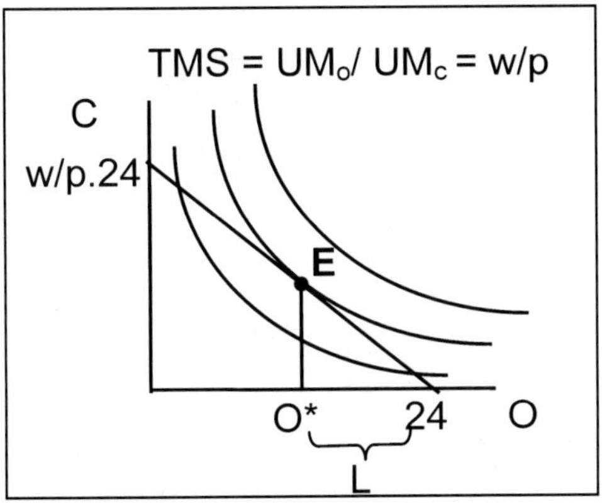

Un simple ejercicio de estática comparativa permite demostrar cómo una caída en el salario real incrementa la demanda de ocio y, por tanto, disminuye la cantidad óptima ofrecida de trabajo.

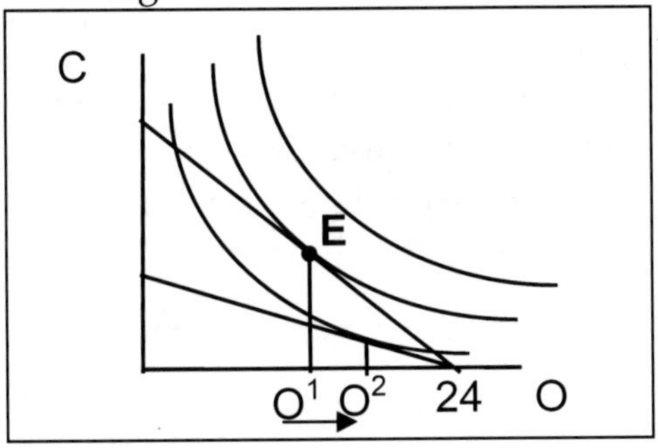

De aquí que la curva de oferta de trabajo tenga pendiente positiva. A lo largo de ella están representados los niveles óptimos de trabajo (no – ocio) que el consumidor ofrece para maximizar su utilidad.

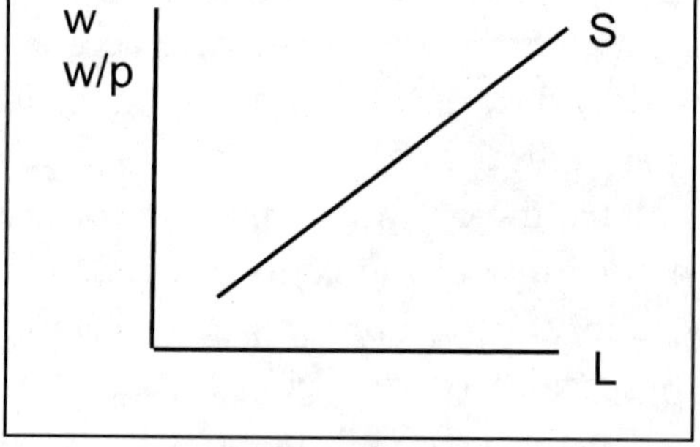

Es fundamental recalcar, para medir luego el impacto de la crítica keynesiana, que los resultados de una variación en el salario nominal son indistinguibles de los de una variación en el salario real.

5. El Mercado de Trabajo

Como ya se mencionó, el aparato teórico neoclásico sostiene que el intercambio de trabajo (en realidad, de la fuerza de trabajo) está gobernado por las mismas leyes que el de cualquier otro bien o servicio. Las cantidades transadas en el mercado como el precio de las manzanas, las papas fritas y los autos, por ejemplo, se determinan en ese mismo mercado. Ya vimos como ese comportamiento de cada mercado puede reducirse, en última instancia, a los comportamientos racionales de cada individuo.

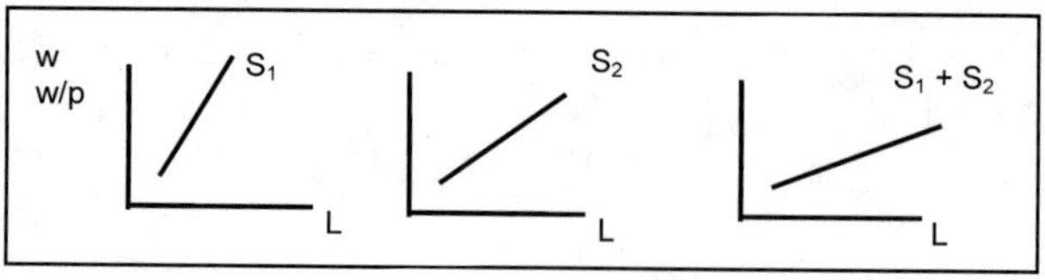

Es decir, de las curvas individuales de oferta y demanda de cualquier bien pasamos a la curva de oferta y demanda de mercado por agregación (gráficamente, a través de la suma horizontal).

En el caso de la "mercancía trabajo" las cosas no son distintas. Su precio (salario real) y la cantidad intercambiada (nivel de empleo) son determinados por la interacción entre oferta y demanda; al ámbito en el que tiene lugar esa determinación se lo denomina **mercado de trabajo**. Por el lado de la *oferta* de ese mercado, vimos que quienes ofrecen trabajo son los consumidores, que de tal modo sacrifican ocio y como contraparte acceden a un mayor consumo. Por detrás de la oferta de trabajo se encuentra, entonces, la maximización de la utilidad, de forma que todos los puntos sobre la curva de oferta de trabajo son óptimos para los consumidores. A cada nivel de salario real, los consumidores querrán trabajar tanto como lo indique la curva, ni más ni menos. *En ese sentido, todos los puntos de la curva de oferta son puntos de "pleno empleo"*. Al salario vigente, si la economía se encuentra sobre la curva de oferta de trabajo, todo el que quiere trabajar, trabaja. Si el INDEC tocara la puerta de la casa de alguien que no trabaja y le preguntara si buscó trabajo la última semana, respondería que NO, ya que el salario no compensa la desutilidad marginal de trabajar. Esta noción de desempleo difiere de otra más estricta, para la que hay desempleo cuando no trabaja toda la PEA, es decir, no se utiliza la totalidad de los recursos laborales disponibles. Hay subocupación de factores.

Las conclusiones alcanzadas respecto de la conducta del consumidor en el mercado de trabajo, esto es, el hecho de que la curva de oferta de trabajo tenga pendiente positiva, son, a primera vista, aceptables para el sentido común. No parece muy tirado de los pelos suponer que ante un incremento en el salario real, los consumidores ofrecerán más cantidad de horas de trabajo.

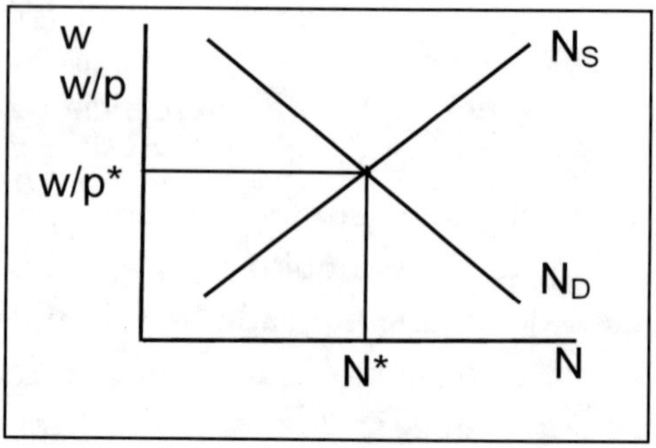

Por el otro lado está la *demanda de trabajo* de las empresas. Para determinar cuánta mano de obra contratarán a cada nivel de precios, las empresas maximizan su beneficio. Siendo así, todos los puntos sobre la curva de demanda son puntos óptimos para las firmas y reflejan la conducta racional de las mismas. Ésta se reduce al hecho de que las empresas demandarán mayor cantidad de mano de obra cuánto más barata le salga. Esto implica coincidir con que la demanda de trabajo guarda una relación inversa con respecto al salario real.

Ahora bien, reuniendo ambos conjuntos de planes (los de las empresas y los de los consumidores) construimos el mercado de trabajo con una curva de oferta con pendiente positiva y una demanda con pendiente negativa. ¿Qué podemos observar de la interacción de ambos agentes en el mercado de trabajo? Sencillamente, que de todas las combinaciones posibles de salario y empleo, existe tan solo una en la que se cumplen los planes tanto de oferentes como de demandantes, de trabajadores y empresarios. En efecto, en el punto de equilibrio se hacen compatibles las decisiones óptimas de unos y de otros.

Pero el aparato teórico neoclásico no sólo postula la existencia de ese equilibrio. Además, sostiene que el mercado, dejado a su propio movimiento automático conduce inexorablemente a esa situación óptima. En efecto, del mismo modo que en cualquier otro mercado, un salario mayor (exceso de oferta) o menor (exceso de demanda) que el de equilibrio desencadenará automáticamente un proceso de ajuste hacia el óptimo. Si esto es así, la economía tiende naturalmente al equilibrio en el mercado de trabajo. Lo que pone de manifiesto el desajuste, y en marcha el proceso de ajuste, es la "señal" por excelencia de todo mercado, esto es, el precio. En el caso particular que estamos analizando, este rol lo cumple el salario real.

Sin embargo, más allá de las conclusiones teóricas a las que llegan los neoclásicos, no se puede negar que, empíricamente, se registran situaciones de desempleo y que estos economistas deben decir algo al respecto. La pregunta obligada es, entonces, ¿cómo explicar con estas herramientas una situación de desempleo persistente (exceso de oferta de trabajo)? Pues bien, la única alternativa es que, por algún motivo, *el nivel del salario real se mantenga por encima de su nivel de equilibrio o pleno empleo.*

APÉNDICE: Representación gráfica, repaso

A.1 Ecuación de la recta

La expresión más simple de una función lineal de dos variables (y=f(x), y es función de x), como ecuación de una recta es la siguiente:

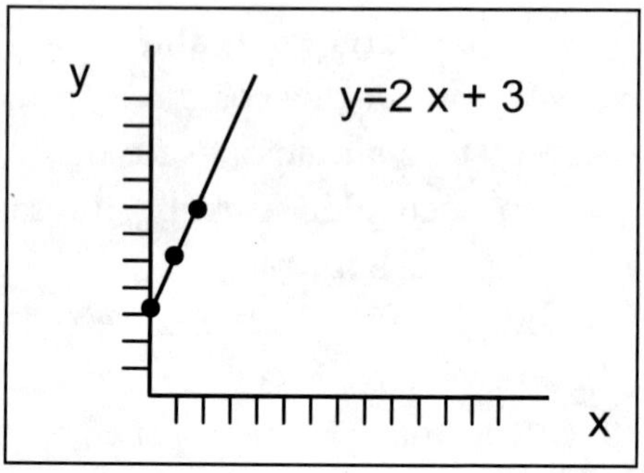

$$y = m x + b$$

Donde m es la *pendiente* y b la *ordenada al origen.*

El eje y se llama *eje de las ordenadas* y el eje x se denomina *de las absisas*.

Partamos de un ejemplo muy simple.

$$y = 2 x + 3$$

La pendiente es 2 y la ordenada al origen 3. Notemos que tanto una como la otra son positivas. Una forma simple de graficar una recta es la siguiente:

1. Cuando x=0, obviamente y = 3. Como era de esperar el valor de la ordenada al origen es el valor que toma la función al cruzar el eje y, es decir cuando se evalúa para x nulo. El primer punto de la recta es x=0, y=3, el par ordenado (0,3)

2. Si incrementamos en 1 x (x=1), el valor de y será 5. Esto es lo mismo que decir que y crece 2 por unidad en que se incrementa x. El segundo punto de la recta es (1,5).

3. Es evidente que con lo hecho hasta aquí alcanza, ya que con sólo 2 puntos queda determinada la recta, como aquella que pasa por ambos.

Obviamente, cuanto mayor sea el valor de m, mayor será la inclinación de la recta ya que **y** crecerá más por cada unidad en que aumente **x**.

Casos interesantes y extremos:

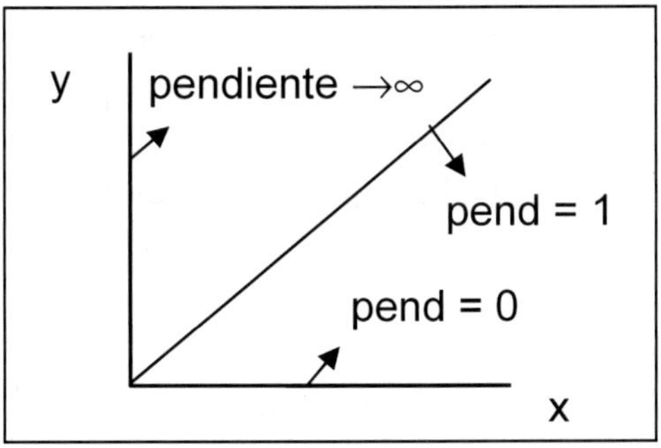

- Recta con pendiente 0: es una recta horizontal que parte de la ordenada al origen. El aumento de x no provoca una variación en y. El eje x tiene pendiente 0.
- Recta con pendiente infinita. Es una recta vertical. El eje y tiene pendiente infinita.
- Recta con pendiente 1. Es una recta de 45 grados.

Si la recta tiene pendiente negativa (m<0), cada aumento en la variable independiente x determina una caída en el valor de **y**.

A.2 Pendiente de una recta, pendiente de una curva

La pendiente de la recta es constante a lo largo de toda la función (es m). Cuando se trata de una curva, en cambio, la pendiente se modifica, y depende por tanto del valor de x. En cada punto de la curva el valor de la pendiente es igual al valor de la pendiente de una recta tangente que toque a la curva en ese punto.

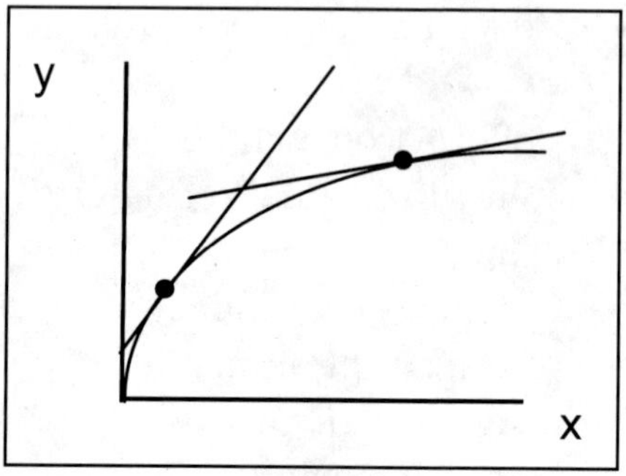

La curva del ejemplo tiene siempre pendiente positiva, sólo que esta es mayor para valores menores de x. La pendiente es decreciente, la curva es cada vez menos inclinada. La función crece cada vez menos por cada unidad de x a medida que x aumenta.

Matemáticamente, el valor de la pendiente en un punto de una función se calcula a través de la derivada primera de esa función en ese punto.

$$f'(x) = df(x)/dx = \text{pendiente de } f(x)$$